Vele

104

www.einaudi.it

ISBN 978-88-06-21861-4

Ugo Mattei

Il benicomunismo e i suoi nemici

Giulio Einaudi editore

Indice

Il benicomunismo e i suoi nemici

dedicato a Adam
e alla meravigliosa emozione con lui
entrata delicatamente nella mia vita.

Introduzione

1. *Premesse teoriche.*

La locuzione «benicomunismo» è stata inaugurata nel 2012 per indicare, non sempre amichevolmente, l'ideologia di chi, in nome dei beni comuni, si sta battendo per la rifondazione di un settore pubblico autorevole e partecipato da contrapporre a privatizzazioni e liberalizzazioni. Erano i mesi successivi ai vittoriosi referendum su servizi pubblici, acqua e nucleare. In Italia il dibattito sui beni comuni era mantenuto vivo da innumerevoli lotte e vertenze che per la prima volta si collegavano tra loro in nome della loro difesa.

Il benicomunismo evoca una critica radicale al modello neoliberale dominante, articolata in chiave di beni comuni e dunque di inclusione e di diffusione del potere (Mattei 2011). La critica benicomunista investe le premesse teoriche piú profonde del liberalismo, individuate nel programma politico e nelle condizioni storiche della prima modernità capitalista inglese (Linebaugh 2009). Essa investe oggi l'idea, troppo diffusa a sinistra, per cui lo Stato apparato (che include pure gli enti locali) sia necessariamente, rispetto al privato, piú amico dei beni comuni.

Dopo poco meno di quattro secoli, il senso comune generatosi nella modernità liberale pare aver conquistato quasi interamente il pianeta, vandalizzandone drammaticamente ogni ecosistema naturale e sociale, in nome del progresso, della crescita, dell'«improvement» lockeiano e dello sviluppo economico.

La critica teorica benicomunista si articola dunque tanto nei confronti del settore privato quanto di quello pubblico, smascherando la natura ideologica della contrapposizione fra i due. Per i benicomunisti proprietà privata e sovranità statale sono l'esito istituzionale dello stesso progetto di concentrazione del potere ed esclusione.

Poiché non considerano le istituzioni pubbliche statuali come piú amiche del comune di quanto non lo sia la proprietà privata, i benicomunisti si sono attirati gli strali di prestigiosi intellettuali della nostra decrepita sinistra, la quale fatica a liberarsi da una fede nello Stato amico. Una visione davvero difficile da condividere da parte di chi, per esprimere il proprio dissenso, deve indossare il casco per evitare i manganelli o anche soltanto subire la vergogna di veder utilizzato il gettito del proprio contributo fiscale per spese militari incostituzionali. Paradossalmente, la fede nel sistema pubblico amico ha attratto fra i suoi adepti un certo numero di esponenti del movimento per l'acqua bene comune; come se non fosse lo Stato quello che ignora la volontà sovrana del popolo e non fossero gli enti locali complici del fallimento del processo trasformativo iniziato con il referendum del 2011. Proprio come quello del privato, il feticismo del pubblico offusca la ragione.

Sul fronte opposto, i benicomunisti hanno subito attacchi oltremodo disordinati soprattutto da parte di un mondo liberal-riformista, tanto di centrodestra quanto di centrosinistra che, per timore di trasformazioni radicali dello *status quo*, si trincera dietro la buona retorica del costituzionalismo borghese. Naturalmente, anche in questo campo si configurano variazioni significative che vanno da una ridicola fobia per il comunismo a critiche piú paludate verso i cosiddetti estremismi dei cattivi maestri. Si noti che tali critiche accomunano ambienti della destra piú reazionaria a salotti della sinistra perbene, cosa che dovrebbe far riflettere sull'imbarazzante compagnia.

Purtroppo, dopo la caduta del Muro di Berlino, in Italia ancor piú marcatamente che altrove, il campo della sinistra si è diviso tra un fronte «riformista», che scoperto tardivamente «il mercato» se ne è infatuato e un fronte «radicale», restio a liberarsi della suddetta impostazione acriticamente statalista (Mattei 2013). Entrambe queste impostazioni, prigioniere di una contrapposizione novecentesca tra destra e sinistra il cui senso oggi andrebbe finalmente ripensato, hanno contestato il benicomunismo nei suoi aspetti teorici e hanno operato in modo a esso antagonista nell'azione pratica, rendendone molto problematica la ricerca di egemonia.

È molto importante chiarire, a scanso di ogni equivoco e dei ben noti rischi di cooptazione, che a livello politico il progetto benicomunista è *alternativo al capitalismo*, sia nella sua forma privata sia in quella di Stato e che esso prefigura, coerentemente con il proprio suffisso, una società senza Stato, senza rendita proprietaria e senza classi.

Poiché la nostra è un'ideologia scevra di ogni utopismo, che fa dell'immanenza la propria cifra, distinguiamo senza difficoltà la dimensione giuridica e quella amministrativa, che si propongono sul piano tattico, rispetto a quella politica, che riteniamo strategica. Insomma, il benicomunismo si articola intanto in una dimensione giuridico-amministrativa che si svolge sul terreno costituito, aprendosi alla sperimentazione istituzionale (regolamenti di condivisione dei beni comuni; inserzione di momenti partecipativi nella struttura istituzionale delle aziende pubbliche o private; tutela legislativa o giurisprudenziale dei beni comuni...), per conquistare credibilità ed egemonia da spendersi sul terreno di una trasformazione costituente.

È essenziale districarsi nell'arte di distinguere tra questi due terreni, la cui separatezza, lungi dall'essere ontologica, presenta a sua volta tratti nettamente politici. Il terreno costituito e quello costituente, infatti, si articolano oggi nell'opposizione, tutta ideologica nel diritto borghese, tra legalità e illegalità, che poi altro non è che la trasposizione nel «giuridico» dell'opposizione amico-nemico del «politico» schmittiano.

2. *I beni comuni nel contesto politico italiano 2011-15.*

Per questo motivo, particolarmente feconda sul piano politico è stata (e ancora potrebbe essere), per lo sviluppo di una prassi benicomunista, alternativa al cosiddetto modello di sviluppo dominante, l'esperienza del Teatro Valle di Roma occupato. Non solo essa ha generato, in tre anni di occupazione, un vero e proprio movimento, che dai teatri occupati ha prodotto soggettività per il precariato cognitivo. Soprattutto, essa ha saputo diventare progressivamente il piú significativo luogo *costituente* dei beni comuni, non solo in Italia, ma anche a livello internazionale. L'esperienza del Teatro Valle è stata il primo sviluppo in ordine cronologico di un tentativo di articolare concretamente e collettivamente, anche sul piano giuridico, una *resistenza* legittimata dalla volontà popolare di *invertire la rotta* rispetto al continuo rafforzamento del dispositivo politico e culturale del neoliberismo. Una volontà, espressa a larga maggioranza referendaria nella primavera del 2011, che non fu frutto di autentica soggettivazione, ma che avviò tuttavia un processo politico di trasformazione restato a oggi incompiuto. Appena quattro anni fa il popolo sovrano conferí una forza politica e una legittimità senza precedenti al benicomunismo, nella ricerca di un'alternativa istituzionale all'universalismo della contrapposizione tra pubblico e privato. Difficile è negare infatti che i referendum del 12 e 13 giugno del 2011, letti nel loro insieme e dunque nel loro autentico significato politico, abbiano concretizzato e tradotto giuridicamente due principî. Innanzitutto, attraverso un fondamentale istituto costituzionale di democrazia diretta si è stabilito che il popolo sovrano non crede piú nella privatizzazione dei beni comuni, nella specie i servizi pubblici. Allo stesso tempo il popolo sovrano, ripresa la parola senza l'intermediazione di un ceto politico la cui rappresentatività è oggi quantomeno dubbia (Gallino 2013), ha dichiarato di aborrire un semplice ritorno a un sistema pubblico autoritario, burocratico e corrotto dal legame di dipendenza con le grandi *corporations* private, nella specie il business nucleare e il cosiddetto «partito delle grandi opere». Nella primavera del 2011 si è deciso che sui beni comuni, nella circostanza l'acqua, non si possono fare profitti né pubblici né privati, perché la loro gestione deve essere informata a criteri ecologici, sociali e di coesione territoriale. Questi principî vanno in *radicale controtendenza* rispetto agli sviluppi verificatisi in Occidente al termine del cosiddetto «trentennio glorioso», iniziato dopo la Seconda guerra mondiale, quando gli Stati sembravano ancora avere la forza per domare gli istinti piú selvaggi del capitalismo.

Non è facile far capire alla maggior parte degli intellettuali italiani che queste volontà popolari maggioritarie non si possono racchiudere nella contrapposizione tra destra e sinistra. In condizioni economiche e sociali di neoliberismo, esse sono per loro natura *costituenti*. Come ogni sforzo o esito costituzionale legittimo, quel progetto costituente che mina alle radici i principali meccanismi di estrazione capitalistica non può che cercare una condivisione ampia, intorno alla quale si concretizzi una presa di coscienza collettiva volta a comprendere quanto, nelle attuali condizioni, l'utopia stia tutta nel credere che si possa continuare come se nulla fosse. Non è credibile un orizzonte lungo di mantenimento delle condizioni di civiltà umana sul pianeta senza una trasformazione profonda dello stile di vita borghese proposto dalle nostre classi dominanti. Né è credibile che lo scontro politico immane che una simile trasformazione richiede possa essere mantenuto sul piano delle regole del gioco, ormai tutte saltate, del costituzionalismo liberale e borghese.

3. *I beni comuni nel diritto positivo italiano.*

La determinazione del potere costituito di ignorare la forza trasformativa delle lotte per i beni comuni ha profondamente corrotto il nostro modello costituzionale (si pensi alla serie di tre consecutivi governi non eletti, oltre al già menzionato abbandono del modello parlamentare), ma ha generato, come risultato non voluto, l'emersione di una sensibilità giurisdizionale per i beni comuni che ha prodotto importanti innovazioni (Marella 2012).

La piú importante è certo il riconoscimento esplicito da parte della Corte costituzionale (sentenza 199/2012) dell'esistenza di un «vincolo referendario», un *surplus* di legittimazione della democrazia diretta rispetto a quella rappresentativa. In Italia, l'esistenza di un «vincolo referendario» che nega al Parlamento, ossia alla cosiddetta democrazia rappresentativa, la possibilità di legiferare in senso contrario all'esito di un referendum, esercizio di democrazia diretta, era negata dalla dottrina, dalla giurisprudenza dominante e dalla prassi politica. In questa prospettiva, i parlamentari resterebbero sovrani nell'interpretare, a proprio rischio di mancata rielezione, il senso del voto popolare, eventualmente anche assumendosi la responsabilità politica di una legislazione che ne contrasti direttamente l'esito (fra i precedenti: abolizione del finanziamento pubblico dei partiti e del ministero dell'Agricoltura). La *ratio* di questa posizione è la parità formale tra legislazione e referendum (Luciani 2010). Quest'ultimo altro non sarebbe che una legislazione abrogativa, non dotata di alcun carattere sovraordinato rispetto a un'eventuale successiva legge di pari grado. Seguendo questa impostazione formalistica, poche settimane dopo il voto referendario del giugno 2011, il governo Berlusconi, sotto pressione della Banca Centrale Europea (la famosa lettera di Trichet e Draghi), emanò il «decreto di Ferragosto», che insieme ad altri provvedimenti reiterò e ampliò il senso dell'art. 23 bis del decreto Ronchi, appena abolito dal referendum con una maggioranza superiore al 95 per cento. L'obbligo di privatizzazione dei servizi pubblici di rilevanza economica in esso contenuto fu ulteriormente radicalizzato dal governo Monti in una delle sue prime manovre e i decreti furono convertiti in legge senza indugio dal solito Parlamento italiano del tutto remissivo e marginalizzato da continui voti di fiducia. Fu la Regione Puglia a ricorrere in via diretta alla Corte costituzionale, puntando sulla violazione della volontà del popolo sovrano. La Corte costituzionale, con una sentenza storica, riconobbe il «vincolo referendario», abrogando i provvedimenti Berlusconi e Monti per violazione dell'art. 75 della Costituzione. Essa restaurò cosí, per un certo periodo di tempo, le basi giuridiche che hanno reso possibile a Napoli una marginale sperimentazione del governo dei servizi pubblici come «beni comuni» (vedi *infra*). Tale decisione innovativa costituí un primo grido di dolore della Corte costituzionale per la crisi di legittimità provocata da una legge elettorale (che poco dopo avrebbe dichiarato incostituzionale) generativa di un Parlamento di nominati, privo di dignità nei confronti dell'esecutivo e dei capipartito.

Anche la Cassazione, l'altra Corte suprema nell'organizzazione giudiziaria italiana, ha saputo dimostrare particolare sensibilità nei confronti dei beni comuni traducendone nel diritto positivo, addirittura a Sezioni unite, la definizione che di essi aveva dato la Commissione Rodotà. Anzi, la definizione delle Sezioni unite, enfatizzando la natura *collettiva* di un godimento dei beni comuni «funzionali all'esercizio dei diritti fondamentali della persona», che prenda in considerazione anche «l'interesse delle generazioni future», migliora la definizione della Commissione Rodotà, ovviando all'*individualizzazione* apportata dall'enfasi sui diritti (Di Porto 2013).

Questi sviluppi giurisprudenziali, pur nella protratta ostilità del Parlamento nei confronti della legge delega della Commissione Rodotà, formalmente in attesa di discussione sin dal 2008, hanno introdotto i beni comuni nel nostro diritto positivo. È naturale che si sia verificato un fiorire di letteratura giuridica (monografie, articoli, tesi di laurea e di dottorato, convegni scientifici), che oggi costituisce uno dei filoni piú avanzati e culturalmente provveduti della riflessione dottrinaria italiana.

Occorre infine registrare come i beni comuni siano penetrati nel diritto positivo italiano anche attraverso altre vie. Essi sono stati menzionati e definiti in diversi statuti di enti locali, e hanno generato sperimentazioni amministrative, di variabile ambizione e innovatività, fondate sul concetto di una condivisione tra i Comuni e la cittadinanza nella cura dei beni comuni costituzionalmente basata sul principio di sussidiarietà (Arena e Iaione 2012). In diversi enti locali, infine, sono comparsi assessorati ai Beni comuni, ponendo i presupposti per una concezione dei beni comuni come «amministrazione» intorno alla quale merita riflettere in modo consapevole.

4. *Dove si colloca il presente scritto?*

Indubbi sono stati i successi di un'inedita alleanza tra i movimenti sociali e la cultura giuridica piú propensa a farsi carico diretto dei paradossi del costituzionalismo liberale. Infatti, negli ultimi trent'anni, il suo formalismo dogmatico ha prodotto esiti talmente sbilanciati a favore della proprietà privata da rendere il disegno solidarista e inclusivo della Costituzione del 1948 poco piú che una beffa, a fronte di diseguaglianze sociali sempre piú insopportabili. Ciò non significa che questa consapevolezza sia stata in grado di scongiurare una deriva autoritaria e prona ai *diktat* del capitale globale.

Sul piano politico e su quello culturale, non potevano che iniziare perciò i tentativi di «addomesticare» i beni comuni, cercando di sterilizzarne il potenziale rivoluzionario e di delegittimarne la robustezza teorica, spesso utilizzando metodi di discutibile standard scientifico, quali l'evocare i fantasmi di un presunto oscurantismo neomedievale (Pennacchi 2012; Ferrajoli 2013).

Nondimeno, le emergenti prassi di lotta che hanno generato una rete molto articolata e assai diffusa sul territorio, sono l'autentica novità del benicomunismo che merita di essere narrata e contestualizzata sul piano teorico. Essa va onestamente compresa nella sua importanza e nelle sue attuali difficoltà, in un momento in cui la cultura e la politica dominante si arroccano a difesa di una continuità anche intellettuale, celebrativa dei valori di un liberalismo capitalista e individualista occidentale. Tale continuità non è sostenibile. Infatti, la tenaglia tra sovranità pubblica e proprietà privata, che ha storicamente stritolato i beni comuni, è caratterizzata da una visione singolarmente miope, creata da incentivi istituzionali (ciclo elettorale e perseguimento del valore azionario) che rendono difficilissimo porre in essere politiche autenticamente informate alla sopravvivenza di lungo periodo della civiltà umana sul nostro pianeta (Brown 2012). In questo senso, il presente libretto cerca di partecipare, parafrasando Roberto Unger, a quella «critica totale» del modello liberale che il benicomunismo sta trasformando in prassi e sperimentazione istituzionale (Unger 1975).

La fortuna di un mio Manifesto benicomunista (Mattei 2011) non poteva che suscitare qualche rancore in un'accademia italiana sempre piú frustrata a causa del suo sistematico svilimento. Cerco tuttavia di misurarmi con ogni argomento, anche con i meno robusti, senza farmi coinvolgere dalla provocazione sleale e fine a se stessa. È incredibile, per esempio, che si tenti di costruire un'opposizione tra una visione dei beni comuni «buona», legata ai lavori della Commissione Rodotà, e una «cattiva», sviluppatasi a partire dalla riflessione collettiva sul «comune» proposta *in primis* da Antonio Negri, nell'ambito della quale anche il mio Manifesto andrebbe collocato. In effetti, proprio alla definizione «buona», ovviamente limitata dall'assetto istituzionale in cui fu redatta, ritengo di aver contribuito come vicepresidente della Commissione ministeriale che porta il prestigioso nome del suo presidente. Il benicomunismo, come ogni pensiero radicale, è ricco di sfumature teoriche, ma a differenza di altri è stato capace di incidere profondamente in pochi anni nel tessuto giuridico, andando a disturbare diverse gerarchie costituite. Non mi sorprendono dunque le strategie dialettiche sovversive del suo senso profondo (del resto, chi non utilizza di quando in quando la strategia del *détournement* debordiano?) Beni comuni è la sola parola chiave messa all'ordine del giorno dal popolo e non dal capitale in questi ultimi vent'anni.

Capitolo primo
La rinascita dei beni comuni

1. *Alle origini dei beni comuni.*

L'essere umano, come ogni altro vivente sul nostro pianeta, può esistere soltanto in un ambiente naturale e sociale condiviso con altri individui della medesima o di altre specie. Tale ambiente è costituito da beni, ossia da oggetti materiali o immateriali, che producono le utilità necessarie per la vita di tutti. Questi sono i beni comuni, consumati o creati insieme, per il solo fatto di esistere sullo stesso pianeta. Essi sono necessari tanto per la nuda vita e per la sua riproduzione, quanto per un'esistenza libera e dignitosa di ogni individuo di ciascuna specie. Una volta riconosciuti e definiti come comuni, appartenenti cioè a tutti, questi beni si negano all'appropriazione privata. Non possono cioè essere «privati» dal comune, perché nessuno può esserne escluso. I beni comuni sono produttori di utilità necessariamente condivise e in questo senso collettive.

Stando alla definizione sopra riportata, i beni comuni hanno origine con la stessa vita. Dove c'è vita ci sono beni comuni e dove ci sono beni comuni c'è vita. Il riconoscimento dei beni comuni a sua volta è antichissimo nella civiltà umana. L'Eden è goduto in comune da Adamo ed Eva e – dopo la cacciata – in comune viene goduta la terra dai loro eredi. In Occidente parlano di comunione originaria i filosofi. Di condivisione sono imbibite la patristica e la tomistica. Il pio condivide mentre l'empio espropria, uccidendo persino il proprio fratello. La condivisione è un valore antichissimo e la generosità che la facilita è cantata dal Poeta. Confucio immagina un mondo di relazioni tali da riflettere il Tao, che è ordine delle cose da godersi in comune. La comunità dei seguaci del Profeta interpreta in modo condiviso, cercando per quanto possibile l'unanimità, il verbo di Allah. Comprendere è uno sforzo collettivo. Nelle società piú antiche, anche note come società a potere diffuso, l'inclusione nel gruppo, cioè nel comune, è garanzia di vita, mentre l'esclusione è certezza di morte. L'ostracismo è, di conseguenza, la pena piú grave. Etimologicamente nella nostra famiglia linguistica «comune» coniuga un prefisso *cum* (insieme) con il suffisso *munus*, ossia il dono.

A dispetto di tali origini antichissime, i beni comuni sono riemersi soltanto molto di recente, in Occidente, dall'oblio della storia. Il poderoso dispositivo della modernità li ha cancellati dalla sensibilità e dall'immaginario del modello sociale egemone. Alle radici del potere borghese vi è, infatti, l'«accumulazione primitiva», denunciata da Marx in tutta la sua crudezza, ma celebrata da Hobbes e da Locke, costruendo il piedistallo della proprietà privata e della statualità sovrana (Mattei 2014). Rousseau è sepolto e con lui una tradizione bollata come utopista. Tommaso Moro aveva posto il comune e la critica alle recinzioni come fondamento teorico della sua *Utopia*, pubblicata nei primi decenni del Cinquecento. La *damnatio memoriae* è pure lessicale. Un luogo comune è sinonimo di banalità.

Piú che di origine dei beni comuni, ha senso parlare di loro soppressione, prodotta dalla tenaglia micidiale tra statualità sovrana e appropriazione privata del capitale. Beni comuni (*commons*), garantiti in Inghilterra dalla Charter of the Forest, una delle componenti della celebrata Magna Charta (1225), garantirono il sostentamento all'umanità per migliaia di anni (Linebaugh 2009). Acqua da bere, bacche da raccogliere, terra da coltivare, pascoli per sostentare il bestiame, pesci e selvaggina per mangiare, frasche e legname per proteggersi e per riscaldarsi. Lo sforzo collettivo, anche intergenerazionale, creava beni comuni: acquedotti, luoghi di preghiera e di spiritualità, edifici in uso alle famiglie o ai vari gruppi che in comune, utilizzando beni comuni, erano costruiti e mantenuti. Nelle montagne alpine, per esempio, travi di legno erano tagliate dai nonni e lasciate stagionare per l'uso edilizio dei nipoti. Gli acquedotti erano mantenuti attraverso il lavoro obbligatorio collettivo, come nel «rus» valdostano (Louvin 2012).

Beni comuni, dunque, non solo trovati in natura (acqua, bacche) ma anche generati insieme (costruzioni); non solo garanti di facoltà di accesso e di uso, con il tempo divenute diritti collettivi (usi civici), ma anche di doveri di manutenzione e di governo in comune (Grossi 1972). Il lettore tenga a mente che strutture giuridiche del comune si organizzarono in modo straordinariamente sofisticato nelle città italiane del Medioevo. Il capolavoro allegorico di Ambrogio Lorenzetti, conservato nel Palazzo pubblico di Siena, rende l'idea della consapevolezza teorica che accompagnava l'istituzionalizzazione del comune nel XIV secolo. L'attività economica era condotta nell'ambito di gilde e corporazioni, istituzioni giuridiche in cui il sapere artistico, artigiano ma anche giuridico, veniva tramandato di generazione in generazione. Il giovane apprendista, che percorreva il *cursus honorum* di qualsiasi mestiere, era coinvolto in un progetto di *commoning*, assolutamente generativo di qualità destinate a durare attraverso le generazioni. La condivisione e le relazioni umane accompagnavano questo cammino certo non facile né talvolta libero da violenza, nel quale l'individuo non era mai solo. In qualche modo la gilda, organizzazione giuridica fondata sulla piena conoscenza e condivisione del suo diritto da parte di tutti i suoi membri, fu l'armonica traduzione in contesto urbano dell'economia rurale di villaggio. Fingere di non vedere queste mirabili armonie, che si riflettono nell'arte, nell'architettura e nella pianificazione urbanistica dei borghi medievali, riducendo la qualità della vita premoderna a un'assunta brutalità del contado è strategia disonesta, che non onora chi la impiega.

L'epopea delle recinzioni (*enclosures*), all'origine europea dello sviluppo del capitalismo, si abbatte su questo antico equilibrio di gruppo. La terra viene recintata e detenuta in proprietà privata per l'allevamento ovino, necessario per la manifattura tessile (celebri le pagine proprio di Tommaso Moro a questo proposito). I contadini, spossessati dei beni comuni e di un'esistenza fondata su un equilibrio uomo-natura incompatibile con l'unità astratta di tempo-lavoro, sono forzati all'urbanizzazione e al lavoro ripetitivo e concentrato della manifattura. La resistenza è domata con la nascita del carcere, del manicomio e delle leggi repressive della povertà (Foucault 1975). Nasce la modernità con il suo orizzonte di senso individualizzato e astratto, pseudo-uguale, basato sul contratto e non piú sullo status. Insieme a essa, sulle ali del trionfo newtoniano della «rivoluzione scientifica», nasce una nuova scienza dello sfruttamento dell'uomo sulla natura e dell'uomo sull'uomo: l'economia politica, che fonda sul piano teorico e pratico quel poderoso apparato ideologico noto come capitalismo (Lucarelli e Lunghini 2012).

La stessa vicenda, *mutatis mutandis*, si dipana nelle Americhe, con la conquista. Popolazioni in equilibrio ecologico antichissimo sono soggiogate alla logica proprietaria, celebrata da una nuova tradizione di diritto naturale, non piú soltanto religioso, ma anche secolare. Sulla *Santa Maria* viaggia un notaio che certifica, a favore della Corona cattolica, l'acquisto della *terra nullius*, definita tale perché non mercificata in un rapporto proprietario dagli indigeni (Cassi 2007). Terra in proprietà privata, popolazioni locali sterminate o ridotte in schiavitú. È l'armadio della vergogna della legalità occidentale (Mattei e Nader 2010), fondata sulla micidiale alleanza tra proprietà privata e Stato sovrano. Ovviamente i beni comuni, con il ricco tessuto di rapporti sociali consuetudinari che ne governava l'uso, non possono essere interamente sradicati in poco tempo. La lotta per il loro rispetto e il loro mantenimento accompagna il processo di concentrazione del potere proprietario e statuale che attraversa la modernità sino al suo trionfo, almeno in Occidente, con la rivoluzione borghese. Tuttavia, neppure la codificazione napoleonica, che di questo trionfo apparentemente definitivo è il frutto piú caratteristico, riesce a vincerne interamente la resistenza. Nuovi o antichi beni comuni si creano negli interstizi della proprietà borghese, limitando gli immensi sprechi che necessariamente seguono l'accumulo proprietario. Un esempio importante, anche perché emblematico della crociata ideologica lanciata contro i beni comuni dall'assolutismo giuridico tipico della modernità, è il diritto di spigolatura, tosto represso, con cui i poveri potevano sostentarsi dopo che il proprietario aveva effettuato la mietitura. Oggi la lotta per i beni comuni è lotta contro gli sprechi di un sistema capitalistico al collasso (Pallante 2011).

Certo, il processo di «liquidazione» degli usi civici, come definito con agghiacciante terminologia dal diritto italiano, ottiene risultati poderosi, escludendo i beni comuni dall'orizzonte di senso del giurista e delle popolazioni in modo sempre piú accentuato, man mano che il capitalismo, tanto nella sua forma privatistica quanto in quella di Stato, si rafforza e impone (Grossi 1972). La logica della condivisione cede cosí il passo a quella dello sfruttamento man mano che si diffonde una visione competitiva della società, sempre meno organica e sempre piú individualizzata. In questo quadro di senso, il comune decade come teoria prima ancora che come pratica. L'espropriazione dei beni comuni tuttavia non costituisce un problema per il costituzionalismo liberale, che invece concentra la propria attenzione sulla tutela della proprietà privata.

Non è perciò sorprendente che la nascita, o meglio la rinascita dei beni comuni non abbia origine al centro ma nella lontana periferia. Né che ciò sia avvenuto nelle ultime battute del Novecento, il secolo che ha consacrato l'apogeo della dicotomia pubblico-privato, riducendo il menu delle alternative possibili a una sorta di scelta a somma zero tra Stato e mercato (ossia tra sovranità pubblica e proprietà privata): piú Stato e meno mercato (sinistra) o piú mercato e meno Stato (destra). I beni comuni rinascono quando il trionfo del pensiero neoliberista produce una convergenza su quella politica di sfruttamento sistematico di persone e risorse che è nota come «Washington Consensus». I due momenti simbolici sono l'insurrezione zapatista del Chiapas (Messico, 1994), proprio nell'anno in cui viene siglato l'accordo di libero scambio NAFTA (North American Free Trade Agreement), e la «guerra dell'acqua» di Cochabamba (Bolivia, 2000), che inaugura il nuovo millennio. In entrambi i casi l'alleanza tra uno Stato controllato dal potere privato e le multinazionali globali mette a rischio bisogni fondamentali della popolazione, *in primis* il cibo e l'acqua. La lotta che ne consegue, lungi dall'essere una mera *jacquerie*, è guidata da una chiara visione che «un altro mondo è possibile»: è un mondo in cui i beni comuni sono percepiti, difesi e valorizzati. Proprio oggi, a vent'anni dall'insurrezione del Chiapas, le comunità zapatiste diffusesi a centinaia nonostante la repressione, in quella terra martoriata dallo sfruttamento, garantiscono a decine di migliaia di contadini una vita collettiva piú ricca sia sul piano materiale che spirituale (Hernández Navarro 2014). La stessa Bolivia è in prima linea tra i paesi che cercano una nuova via costituzionale fondata sul rispetto del collettivo anche se, come in tutto il Sudamerica, una politica economica nota come neoestrattivismo sta minando in tempi recentissimi la credibilità di governi su cui si erano incentrate speranze benicomuniste.

2. *Come emergono e come si pensano i beni comuni.*

I beni comuni emergono nelle lotte contro la privatizzazione, ossia la sottrazione di spazi e il diniego dell'accesso a luoghi comuni (fisici o simbolici) che alcuni detentori di potere concentrato perpetrano nei confronti di tutti gli altri. Spesso i beni comuni si dànno per scontati. Chi ha accesso a una fonte trova naturale usarla per dissetarsi e chi gode naturalmente di aria pulita, di silenzio o di un paesaggio incantevole, non si rende conto del valore di quanto ha a disposizione. Il maschio viziato che beneficia del lavoro domestico di una madre o di una moglie convivente, spesso se ne accorge solo quando i servizi non sono piú svolti; gran parte dei servizi gratuiti che la natura offre alla vita, come per esempio la metabolizzazione dei rifiuti o la protezione della foresta nei confronti delle frane o delle valanghe, non è presa in considerazione quando si valutano i costi e i benefici dell'intervento pubblico o privato.

I beni comuni vanno quindi prima di tutto individuati e la loro individuazione può essere il portato di una minaccia di privazione (una grande opera minaccia un territorio; la privatizzazione del servizio idrico alza a dismisura il prezzo dell'acqua potabile; un teatro viene chiuso per costruire un casinò), oppure di un consapevole progetto di alfabetizzazione ecologica e sociale che parta dalle giovanissime generazioni. Il secondo processo di individuazione, quello che trasforma il «senso comune» collettivo, dovrebbe costituire il razionale punto di arrivo dell'identificazione, ormai avvenuta, della drammatica crisi ecologica prodotta dal capitalismo a causa della sistematica distruzione dei beni comuni. La lotta contro l'analfabetismo ecologico dovrebbe essere intrapresa sin dai primissimi cicli di studio. Ma è il primo processo, moltiplicatosi di recente sui territori in infinite battaglie finalmente consapevoli di essere per la difesa, la promozione e la liberazione dei beni comuni, a essere in corso nel nostro paese. Si tratta della nascita di una sorta di «soggettivizzazione» collettiva, che in questi ultimi anni ha fatto riemergere i beni comuni, esaltandone il potenziale costituente.

L'insorgenza del Chiapas nel 1994 costituisce, come già accennato, la prima battaglia per i beni comuni produttiva di tale soggettività collettiva, capace di indicare con chiarezza, nel legame indissolubile tra interessi multinazionali privati (*corporations*) e Stati sovrani ormai al loro soldo, il vero nemico cui le lotte per i beni comuni cercano di resistere (Collier 1999). Ovviamente, i precedenti storici anche antichissimi non mancano, soprattutto nelle rivolte contadine dell'Europa della prima modernità, ma la novità sta appunto nella consapevolezza politica e soprattutto nella rete generatasi legando la dimensione locale a quella internazionale. Il legame con i *sem terra* brasiliani e la stessa visione del *buen vivir* e della *pacha mama*, propria di culture amerindiane resilienti per secoli nei confronti del brutale saccheggio dell'accumulazione primitiva, circoscrivono un orizzonte di senso radicalmente diverso rispetto all'individualismo possessivo proprio della tradizione illuministica occidentale. È abbastanza ovvio che i recenti tentativi di costituzionalizzare in modo formale tali sensibilità scontino l'avvenuta concentrazione del potere tipica della statualità latinoamericana. Tuttavia, teoria e prassi dei beni comuni restano esperienze squisitamente collettive, volte a diffondere il potere, sicché il presidenzialismo, vera scorciatoia volta a far coincidere la volontà del gruppo con quella del capo, è da considerarsi assai rozzo nella prospettiva benicomunista, che incessantemente sperimenta a tutti i livelli pratiche politiche di condivisione.

I successivi episodi di tale «riconoscimento globale» della battaglia per i beni comuni sono stati le guerre per l'acqua, che hanno avuto nella tragedia e poi nel trionfo di Cochabamba del 2000 la loro piú importante epopea. Anche in Italia sono stati, come ben noto, i referendum sull'acqua ad aver posto al centro della scena la categoria dei beni comuni, anche se nel nostro contesto l'elaborazione giuridica ha sicuramente preceduto la diffusione della categoria politica, contribuendo a renderla particolarmente pregnante (Mattei e Quarta 2014).

Molto importante è anche ricordare come la nozione dei *commons* sia stata capace di conquistarsi, in tempi a noi assai vicini, un importante ruolo anche in quel filone di riflessione che si è sviluppato intorno alla rete internet e al suo controverso e ambiguo rapporto con la proprietà intellettuale. Nella rete, infatti, una delle principali retoriche di legittimazione del modello proprietà-esclusione è entrata visibilmente in crisi. Ci riferiamo evidentemente al supposto legame proprietà-libertà-creatività, attraverso il quale l'esclusione si è storicamente proposta come *conditio sine qua non* della creatività e dunque dell'innovazione. Quale contadino lavorerebbe la terra senza la certezza di far suo il raccolto? Quale autore creerebbe se non gli fosse riconosciuto il diritto di escludere dall'uso della sua creazione chi non gli riconosca una somma di danaro? Quale industria farmaceutica investirebbe in ricerca senza poter brevettare i suoi medicinali? Proprio la rete ha mostrato, persino ai piú tetragoni sostenitori delle virtú della proprietà privata e del libero mercato, la miopia e la strumentalità di domande cosí poste, che si prestano a offrire un supporto ideologico a pratiche estrattive, monopolistiche e abusive di ogni tipo. La rete internet, infatti, presenta le caratteristiche strutturali almeno apparenti di un gigantesco *bene comune cognitivo*, sottoposto a un sempre piú evidente processo di recinzione da parte dei suoi grandi latifondisti, le compagnie multinazionali che ne controllano i contenuti. Sempre piú numerosi sono infatti i siti a pagamento, e sempre piú verticale è l'accesso alle informazioni, attraverso una miriade di sistemi *soft*, non certo soltanto la classica censura. Ecco quindi che proprio nell'affrontare le problematiche relative all'evidente calo di creatività derivante dal limitare i processi di condivisione dell'informazione (se ci si scambia un'idea ognuno uscirà dallo scambio con due idee), sono sorti prima i processi condivisivi *wiki* e *linux* e poi l'idea dei cosiddetti *creative commons*: una base giuridica che cerca di mediare tra la logica dell'esclusione e quella della condivisione (Lessig 2005). Ovviamente, non è questa la sede per approfondire tali tematiche, ma soltanto per mostrare come siano sempre dinamiche di *esclusione* accompagnate dal sacrificio di bisogni fondamentali (terra per seminare, acqua per bere, informazione per conoscere), a far emergere *i beni comuni*. Essi emergono dalla catacomba nella quale erano stati rinchiusi da quel gigantesco processo di costruzione di senso comune prodotto dalla modernità, dal materialismo e infine dal consumismo.

La percezione dei beni comuni conseguente al soffocamento di bisogni fondamentali (della persona o di gruppi) produce la loro emersione come tema politico, fenomeno che avviene invariabilmente nell'ambito di lotte collettive contro la sovranità statuale o contro la proprietà privata multinazionale (che nella prospettiva dei beni comuni sono i due lati della stessa medaglia).

Naturalmente, la loro percezione e la loro emersione, un fenomeno che si colloca quasi sempre a livello *moltitudinario*, non coincide con la loro genuina elaborazione teorica né con un modo teoreticamente robusto di pensarli e interpretarli. Quest'ultimo passaggio richiede uno sforzo non semplice di superamento di quel *senso comune* o di quei *luoghi comuni* in cui si annida la visione dominante del mondo, costruita attraverso gli imponenti apparati ideologici mediatici e culturali (inclusa l'Accademia). Ed è proprio qui che si sviluppa lo scontro piú aperto fra un *autentico* (in senso fenomenologico) tentativo di pensare i beni comuni (che può soltanto essere rivoluzionario) che qui indichiamo come benicomunismo e i molti contributi, di matrice direttamente o indirettamente scientista e positivista, che cercano di normalizzare il pensiero sui beni comuni sforzandosi di renderlo compatibile con l'ordine culturale costituito, ossia con l'ideologia politicamente dominante del capitalismo liberale (Ostrom 1990; Pennacchi 2012).

A mio modo di vedere, i beni comuni si possono pensare in modo autentico soltanto attraverso un doppio e non negoziabile rifiuto: innanzitutto quello del positivismo scientifico in ogni sua epifania, fondato sulla distinzione artificiale tra mondo dei fatti e mondo dei valori (essere e dover essere) e su quella meccanicistica tra soggetto pensante e oggetto pensato. In secondo luogo occorre rifiutare il pensiero disciplinato, ossia quello che costruisce specialismo accademico e professionale e soprattutto la distinzione tra scienze naturali e scienze sociali, tra natura e cultura, tra tecnica e politica, tra scienza e arte. Soltanto un pieno e caparbio rifiuto teorico di tutte e ciascuna di queste contrapposizioni dominanti libera la mente del teorico dei beni comuni e gli apre le porte di quel mondo del *potrebbe essere* che sfonda le barriere tra fatti e valori e ci consegna nuovamente il mistero, lo stupore e la fantasia, i grandi esclusi della dimensione capitalistica che tutto cerca di misurare per insistere in un assurdo discorso sull'oggettività. Forse è questa capacità di parlare al cuore e alla fantasia delle giovani menti che spiega il successo dei beni comuni, ben oltre quanto possa mai avvenire a chi cerca di disciplinare o delegittimare il pensiero critico tacciandolo di estremismo.

Naturalmente, pensare i beni comuni in questa dimensione di autenticità fenomenologica è operazione molto controversa, ma è anche il solo modo di difenderli dalla cattura cognitiva che già si adopera per far loro fare la fine di altre nozioni potenzialmente emancipative e rivoluzionarie, come per esempio quella di *sostenibilità*, oggi ridotta al vuoto ossimoro di *crescita sostenibile* o *sviluppo sostenibile*. Lo sforzo necessario è tuttavia molto importante e a sua volta si colloca in rapporto biunivoco con la mobilitazione politica costituente dei beni comuni. Esso produce emancipazione ed è il prodotto di prassi di emancipazione. Particolarmente rilevante è a questo proposito il rapporto fra beni comuni, rappresentanza e diritto (vedi *infra*).

3. *Tipologia e tragedia dei beni comuni.*

È piú facile dire che cosa *non sono* i beni comuni piuttosto che offrirne una definizione o tracciarne una tipologia. Infatti, essi certamente non sono una categoria merceologica, un'entità ontologica definibile che raccoglie alcune e non altre realtà del mondo fisico. Di essi si può semmai tentare una tassonomia, a patto di considerarla un mezzo di conoscenza di una realtà variegata e complessa e non un fine in se stessa. In tal modo i beni comuni possono per esempio essere descritti in rapporto ai beni privati e a quelli pubblici, come fanno in diverse prospettive disciplinari (e con significati diversi) i giuristi e gli economisti (Pennacchi e Montebugnoli 2013). Ogni discussione sulla tipologia dei beni comuni ci fa varcare la soglia del discorso accademico, allontanandoci in parte da quella loro esistenza e riemersione collegata ai bisogni reali delle persone. In effetti, sul piano accademico la discussione piú rilevante sui beni comuni è stata aperta (e per molto tempo anche chiusa) dal celebre saggio del biologo ed economista americano Garrett Hardin, il quale nel suo *Tragedy of the Commons* definiva i *commons* come «luoghi di non diritto»: risorse che non essendo soggette ad alcun potere, pubblico o privato, capace di definirne e disciplinarne l'accesso tramite processi di esclusione di qualsivoglia natura (diritto, mercato o architettura), erano alla mercé dell'uso eccessivo da parte di chiunque (Hardin 1969). L'esempio di Hardin era il pascolo comune, destinato a essere brucato in eccesso sino alla desertificazione e altri esempi divenuti celebri nello spiegare la tragedia sono i laghi devastati dagli eccessi della pesca non regolamentata. In Hardin i beni comuni erano essenzialmente di natura ecologica naturale e l'illustre studioso li affrontava nella logica, tipica dell'economista, dell'allocazione di risorse «scarse» da utilizzarsi in modo efficiente. La scarsità non regolamentata, secondo Hardin che sposava cosí le teorie di Alchian e Demsetz, determinava necessariamente la tragedia. Anche la piú celebre critica di Hardin, quella Elinor Ostrom che doveva riaprire il dibattito accademico sui beni comuni a livello globale incassando pure il premio Nobel per l'economia nel 2009 (pur non essendo a sua volta economista di professione), condivideva del tutto il paradigma positivista della «scienza triste».

Ostrom ha reso celebre una tassonomia a quadrifoglio, organizzata intorno ai due concetti, tipicamente mutuati dalla scienza economica, di escludibilità e rivalità. Escludibile è un bene dal quale è possibile tener fuori a costo basso tutti gli altri. Rivale è un bene il cui consumo da parte di un soggetto esclude il consumo da parte di un altro. Un'automobile è escludibile e rivale. Per escludere basta chiudere la serratura e se io la guido non la può guidare un altro. All'opposto, non escludibili e non rivali sono i beni pubblici nel senso degli economisti: per esempio la difesa antiaerea o un faro. Non posso riservarli ad alcuni cittadini e non ad altri. Il consumo di difesa o di luce di un cittadino non esclude gli altri dallo stesso uso. Sulle altre foglie stanno due altre tipologie di beni: i beni cosiddetti di club, che sono escludibili ma non rivali (per esempio un campo da golf o una piscina che possono essere usati collettivamente); e poi i beni collettivi (*common pool resources*), che sono non escludibili ma rivali come per esempio le cozze o le aragoste in una baia o in generale l'acqua, il cui consumo è rivale (l'acqua che bevo io non la puoi bere tu) ma non escludibile (al fiume possiamo arrivare tutti) e dunque, secondo Hardin, oggetto di possibile tragedia da eccessivo consumo. Ostrom mostra certamente che nessuna di queste tipologie è «pura», ma per ciascuna studia il piú efficiente modello di governo. Naturalmente, la celebre scienziata sociale condivide la distinzione ontologica tra una realtà oggettiva, positiva, descrivibile, fatta di risorse piú o meno scarse (le varie tipologie di beni) e un mondo dei valori e del dover essere che non può essere studiato scientificamente, collocandosi piuttosto sul piano dell'ideologia, dell'utopia, della politica o della fantasia. La sua critica a Hardin, avendo ambizioni di scientificità, non poteva che utilizzare il metodo empirico, cercando di falsificare, dati alla mano, le generalizzazioni teoriche della tragedia dei comuni. La cosa è risultata alquanto agevole, perché gli esseri umani sono animali sociali che da sempre costituiscono legami comunitari autolimitandosi l'uno nei confronti degli altri, tramite l'interiorizzazione di un'etica che si trasmette, mediante l'educazione, di generazione in generazione. Le pratiche di governo per nulla tragico, ma anzi generativo di beni comuni, anche al di fuori di una coercizione esterna fondata sull'esclusione, sono innumerevoli attraverso la storia e la geografia. Ostrom non solo ha avuto buon gioco a redigerne un catalogo, ma ha pure tentato l'elaborazione di una tipologia di *commons* basata tanto sui caratteri oggettivi delle cosiddette *common pool resources* quanto su comportamenti soggettivi di *commoning*, di questi esseri umani capaci di autogovernarsi in modo efficiente.

Come meglio vedremo in seguito, è lo stesso paradigma positivista a esser messo in discussione da un'autentica fenomenologia dei beni comuni, che si collocano per cosí dire in una zona grigia tra l'essere e l'avere e tra i fatti e i valori. I beni comuni non stanno nel mondo analitico, spesso ipocritamente realista dei fatti, né in quello dogmatico dei valori. Essi popolano un universo del «potrebbe essere» evocato dallo slogan dei movimenti di opposizione al neoliberismo «Un altro mondo è possibile».

Il mancato rifiuto del modello positivista nella critica a Hardin, fondata sull'osservazione empirica per cui l'*homo oeconomicus* costituisce un paradigma irrealistico, comporta da parte di Ostrom l'attardarsi su tipologie dei *commons* che perdono completamente di vista la *corporation*. È questo il vero soggetto che, come il pastore di Hardin, massimizza l'utilità immediata in un mondo di *non diritto*. Purtroppo il paradigma di Demsetz - Alchian - Hardin, mondato di aspetti apologetici (peraltro assenti in quest'ultimo), descrive perfettamente il mondo reale tragicamente sfruttato dalla *corporation*, sicché la critica di Ostrom, per quanto ben motivata, non coglie nel segno.

In realtà la tragedia dei comuni, lungi dall'esistere in natura, è generata istituzionalmente dalla concentrazione del potere politico ed economico da parte della *corporation*. Questa epifania astratta e immortale del capitale è capace di mantenere un mondo globalmente privo di diritto, dominando e determinando quello vigente a livello statale, calpestando e ignorando quello tradizionale a livello locale, impedendo e boicottando l'emergere di una qualunque legalità in grado di limitarne l'azione estrattiva a livello globale. La tragedia di Hardin, per quanto politicamente odiosa possa apparire, ne spiega la dinamica comportamentale meglio di qualsiasi modello sin qui elaborato. Averla delegittimata scientificamente, lungi dall'essere un contributo all'emancipazione, è soltanto una strategia dello struzzo, generosamente ricompensata dagli apparati ideologici che ne sono i beneficiari di ultima istanza.

4. *Beni comuni in natura*?

Sovente si sente distinguere tra beni comuni naturali e culturali. I primi sarebbero «oggettivamente» diversi dai secondi perché «presenti in natura» e «scarsi», mentre i secondi, tra i quali piú in generale si annovera la «conoscenza come bene comune», sarebbero creati dall'uomo e non necessariamente scarsi. Questa descrizione della realtà pecca di evidente antropocentrismo e si presta a strumentalizzazioni di varia natura, inclusa l'applicabilità di ideologie tratte dalla «tragedia dei comuni» a vertenze politiche come quella sull'acqua quale bene comune. In effetti, il lettore ricorderà come, nel corso della campagna referendaria del 2011, diversi avversari del referendum cercassero di legare la privatizzazione (con conseguente aumento del prezzo) al risparmio di una risorsa «scarsa in natura». In verità, la stessa distinzione tra natura e cultura è sempre piú messa in discussione nella letteratura accademica della piú diversa provenienza, è da considerarsi irrimediabilmente afflitta da specismo ed etnocentrismo occidentale, e in ogni caso non costituisce una contrapposizione feconda nel discorso sui beni comuni.

Infatti, l'ambiente in cui viviamo non è mai di per sé creato dall'uomo (si pensi alla città, artefatto culturale assai determinato dalla natura dei luoghi in cui sorge), né la traccia dell'antropizzazione oggidí può far considerare alcunché puramente «naturale» (si pensi alla campagna, impercettibilmente trasformata dal lavorio umano generazione dopo generazione). Sul piano dei riferimenti normativi, per esempio, il piú potente aggancio costituzionale dei beni comuni si trova nell'art. 9 della Costituzione italiana che parla di paesaggio, una classica locuzione-ponte fra natura e cultura (Settis 2012). Basti pensare come esso significhi, nella sua traduzione francese di *paysage*, un tipo di dipinto, per l'appunto un paesaggio dipinto e come l'interpretazione costituzionale dell'art. 9 abbia da tempo rifiutato la vocazione «estetizzante» del paesaggio a favore di una concezione di esso come «ambiente» e in quanto tale bene comune.

Del resto, nel primo serio tentativo di dare una definizione giuridica ai beni comuni, quello condotto dalla Commissione Rodotà nel 2007-8

(Mattei - Reviglio - Rodotà 2010), l'elenco non tassativo dei beni comuni lí offerto spaziava dalle risorse idriche ai ghiacciai, ai beni culturali, alla fauna selvatica, considerando tutti questi nel novero di beni comuni. Ivi i beni comuni emergono come categoria giuridica degna di riconoscimento e di forte tutela anche costituzionale, in quanto idonei a «soddisfare bisogni fondamentali della persona». La stessa acqua, esempio forte di una risorsa certamente «naturale», diventa bene comune in quanto da essa dipende la vita, che a sua volta è garantita da un determinato suo uso che è culturalmente e anche tecnologicamente determinato. L'acqua garantisce la vita in quanto idonea al consumo umano (potabile), cosa che richiede accorgimenti tecnologici e *input* di lavoro umano certo non trascurabile, come per esempio la costruzione di acquedotti. L'acqua dunque è bene comune (non nel senso degli economisti perché il suo consumo è rivale), ma la sua vocazione a servire bisogni fondamentali anche di generazioni future dipende tanto da aspetti naturali quanto umani e cioè sociali e culturali.

La verità è che distinguere i beni comuni in naturali e culturali è conseguenza della separazione dell'umano dal naturale, come se ciò che fa l'uomo, a differenza di ciò che fanno le api, i topi o le formiche, non fosse naturale. Non ci sono beni comuni separabili dall'uomo come specie, perché la natura altro non è che una grande rete di interrelazioni ecologiche (la rete della vita) e non un casuale deposito di oggetti materiali separabili uno dall'altro che il soggetto umano conosce e domina (Capra 2007). La critica del *cogito* cartesiano, della separazione ontologica tra soggetto e oggetto, trova nella fenomenologia dei beni comuni un terreno assai fertile.

Ancora una volta è l'acqua (ma anche il cibo) a mostrare, meglio di ogni astrazione, questa realtà. L'umano ne è in gran parte costituito, sicché la separazione tra essere (soggetto) e avere (oggetto) rivela tutta la sua artificialità di prodotto squisitamente ideologico della cultura occidentale. Ben si evince in tal modo come la stessa nozione di scarsità costituisca un costrutto ideologico a sostegno di un approccio estrattivo che pone al centro il consumo individuale, piuttosto che la *rigenerazione collettiva* dei mezzi disponibili per soddisfare i bisogni di tutti, in modo il piú possibile egualitario, transnazionale e transgenerazionale (Bollier e Helfrich 2013). È facile osservare, come visto, che se un individuo offre un'idea a un altro individuo che a sua volta ricambia con un'idea, ciascuno a seguito dello scambio sarà beneficiario di due idee. Tale generazione non avviene in una logica di scambio di una mela con una pera, perché ciascuno dopo lo scambio resterà con un frutto. Ostrom direbbe che ciò discende dalla natura di bene privato escludibile e rivale della frutta. In realtà in una logica qualitativa e di condivisione in cui si consumino insieme i due frutti, ciascuno potrà godere di due sapori, con un'esperienza qualitativamente piú ricca a sua volta generativa. È la logica del «meno e meglio», che mostra chiaramente la natura ideologica della scarsità (Pallante 2011).

Capitolo secondo
Benicomunismo e ideologia

1. *Bene comune, beni comuni, comunardi, comune.*

I beni comuni non possono essere visti come un'entità merceologica dotata di una qualche oggettività diversa e separabile dall'esperienza del loro governo o godimento. L'attenzione andrà dunque rivolta a quell'esperienza descritta da Ostrom come *commoning*, ossia condivisione generativa delle utilità prodotte dai beni comuni. Qui evidentemente il catalogo delle esperienze sia storiche sia contemporanee è ricchissimo e non intendo operarne un elenco.

Neppure intendo far uso della strategia ideologica della definizione, incapace di cogliere il mondo delle relazioni complesse in cui si svolge l'ecologia dei beni comuni. Individuerò dunque alcuni termini e alcuni ambiti problematici limitrofi per guidare il lettore attraverso il dibattito. I termini da considerare sono portatori dello stesso prefisso *cum*, di derivazione latina e significante *insieme*, e di suffissi che variamente declinano la locuzione latina *munus*, significante il dono. Anche un'analisi etimologica del tutto superficiale mostra la convergenza di due logiche, quella del gruppo e quella del dono. Esse collocano il perimetro di senso degli ambiti in esame agli antipodi della logica del mercato fondata su scambi weberiani razionali tra *individui* disciplinati dalla logica monetaria «oggettiva» del *qui pro quo*.

Innanzitutto, molto rilevante è il rapporto fra *comune*, *beni comuni* e *bene comune*. A sua volta il sostantivo *comune* può essere articolato in due varianti: al femminile *la comune* o al maschile *il comune*. Entrambe, sostantivandosi si emancipano dal legame con il *bene* (o la diversa tipologia di *beni*) di cui altrimenti sono aggettivi, e mettono a fuoco l'attività piuttosto che l'oggetto su cui essa si svolge. Per certi versi può dirsi che l'oggetto tanto *del* comune (nel senso descritto da Hardt e Negri 2010) quanto *della* comune (nel senso della Comune di Parigi o dell'esperienza di vita in comune di diversi gruppi legati da visioni politiche o culturali di rifiuto del capitalismo) sia *politico* e di per sé dunque collettivo. *Comune*, tanto al maschile quanto al femminile, sfugge a qualunque nesso con l'oggetto in senso giuridico immanente (beni) o metafisico (bene), si colloca nell'area grigia tra fatti e valori (il rifiuto del positivismo meccanicista è marcato) e di conseguenza è incompatibile con qualsiasi relazione riconducibile al dominio pubblico (sovranità) o privato (proprietà). Dove c'è comune non c'è proprietà e dove c'è proprietà non c'è comune (Marella 2012). Dato il legame stretto in termini di dogmatica giuridica tra proprietà e beni (il bene è oggetto, materiale o immateriale di diritto di proprietà), ecco che la locuzione *comune*, scompagnata dalla nozione di bene, veicola un significato non soltanto antidominicale, ma anche antigiuridico. In un certo senso, le istituzioni del comune sarebbero istituzioni perennemente costituenti e mai costituite, sempre articolate in contrasto con una strutturazione cristallizzata del potere quale si vuole sia la situazione dominicale.

La riflessione sul rapporto fra comune e giuridico rappresenta uno degli aspetti piú affascinanti del dibattito contemporaneo non soltanto in chiave teorica ma anche di prassi, perché una significativa componente delle pratiche di lotta per i beni comuni, in particolare quelle articolatesi nell'occupazione di luoghi della cultura (il modello Teatro Valle bene comune), effettivamente impiegano il diritto come strumento o addirittura come fine del proprio agire politico. A me pare che tanto la locuzione *comune*, quanto quella di *beni comuni* adottata da chi punta sull'uso strumentale del diritto in funzione trasformativa, offrano la stessa indicazione di senso. Si tratta infatti di un senso «costituente» condiviso pure, senza alcun dubbio, dal femminile *la comune*, meno utilizzato oggi di quanto non fosse ad esempio nella stagione delle lotte degli anni Sessanta. Rendere compatibili i beni comuni con il diritto positivo, operazione tentata dalla Commissione Rodotà, costituisce un passaggio quantomeno tattico fondamentale per tentare un uso anche emancipante di un «costituzionalismo dei bisogni» cosí come immaginato, ma mai pienamente realizzato, nell'esperienza costituita (anche nelle Costituzioni piú avanzate come la nostra).

Ovviamente, il lungo e drammatico dibattito sul rapporto fra il diritto borghese e l'edificazione del comunismo può dare lezioni non trascurabili anche per l'attuale discussione sui modelli di giuridicità compatibili con un diritto del comune. È noto come il grande giurista sovietico Evgenij Pašukanis ritenesse il diritto, strutturalmente inscindibile dalla logica del mercato, come un male necessario nel processo di costruzione del comunismo. Meno noto è che l'inquietante Andrej Vyšinskij ne determinò la disgrazia e la condanna a morte proprio in virtú di una diversa concezione circa la natura del diritto. L'inquisitore stalinista riteneva infatti che la legalità socialista, ossia un diritto coerente con il processo di edificazione del comunismo, lungi dall'essere un male necessario, costituisse piuttosto uno stadio piú avanzato e desiderabile rispetto al diritto borghese. Storicamente, la tesi della strutturale natura oppressiva e di classe del diritto ha ricevuto e continua a ricevere piú di una conferma, sicché certo il lascito teorico di Pašukanis ha ben altro valore rispetto alle trite banalità con cui Vyšinskij celebrava l'emergere del possente capitalismo di

Stato. In effetti, chi oggi sostiene l'impiego del diritto in chiave di emancipazione deve fare ogni sforzo per liberarlo dall'abbraccio mortale con la statualità e per distinguere, sul piano teorico e soprattutto nella prassi di lotta, la legalità dalla legittimità. La prima è infatti categoria statalista irrimediabilmente autoritaria, mentre la seconda è cultura e nobile arte del *con*vivere.

In ogni caso *la* comune, in particolare la generosa e breve esperienza della Comune parigina (Lissagaray 2013), non è assente dall'attuale dibattito italiano sui beni comuni e lascia traccia vistosa nella locuzione «comunardi», scelta e tradotta giuridicamente nello statuto della Fondazione Teatro Valle bene comune, nonché nella denominazione dell'organo sovrano di tale Fondazione. Rispetto alla Fondazione, i comunardi che partecipano alla comune non sono né i «comunisti» in senso giuridico, ossia i titolari di una posizione dominicale (proprietaria) di comunione su un determinato *bene* (art. 1100 sgg. Cod. civ.), né semplici «occupanti» che esercitano un potere di fatto su un *bene materiale*. Essi sono individui stabilmente legati fra loro in una comunità di intenti e con un luogo, il Teatro Valle appunto, che intendono governare con metodo radicalmente democratico e «aprire» nell'interesse di tutti, anche delle generazioni future, al fine di farne luogo generativo di cultura come bene comune nonché di contaminazione politica con altre esperienze che si rifanno ai beni comuni.

Quella dei comunardi è un tipico esempio di una nuova istituzione giuridica del comune, calata in una collettività e in un condiviso apparato valoriale, che si colloca in una zona grigia tra soggetto e oggetto (non esiste comunardo senza il bene comune di riferimento, il che spiega parecchie difficoltà della fase successiva al rilascio del Teatro) e anche tra fatto e valore. Il comunardo incarna una giuridicità che, nella Fondazione, conferisce una prima vita istituzionale al «potrebbe essere».

2. *Comunità chiusa e comunità ecologica.*

Certamente i *comunardi*, locuzione oggi utilizzabile per indicare i soggetti attivi di una situazione di *commoning* anche oltre l'esperienza qui scelta come paradigmatica del Teatro Valle, costituiscono una *comunità*, altra locuzione che merita un seppur limitato approfondimento. Non c'è locuzione come comunità che maggiormente agiti, non solo in Italia, chi si fa convincere dalla pervasiva cattura cognitiva propria della modernità liberale (tra i piú prestigiosi e controllati, Rodotà 2013 e Ferrajoli 2013). Per qualche ragione è questa l'idea, insieme alla ricca tradizione culturale che essa veicola, il *comunitarismo*, piú spesso assunta per denunciare la presunta «pericolosità» o talvolta persino nostalgico conservatorismo, che sarebbe prodotto dalla piena espansione dei beni comuni. Tali critiche riproducono nel dibattito contemporaneo gli aspetti piú potenti dell'ideologia borghese sviluppati dall'Illuminismo, in polemica con una struttura del potere dominata dal rapporto feudale in totale assenza di democrazia. Oggi l'ideale democratico, insieme alle istituzioni costituite che cercano di dare un senso alla grande (e mai pienamente realizzata) trasformazione per cui la sovranità appartiene al popolo (e non agli apparati dello Stato), hanno completamente mutato le condizioni al contorno della polemica illuministica contro la comunità. In effetti, lo stesso dibattito fra comunitarismo e individualismo, che si è articolato in un'abbondantissima letteratura accademica, risuona estremamente astratto e forse persino un po' inutile per analizzare e comprendere la filosofia «autentica» (in senso fenomenologico) dei beni comuni. La novità teorica che il benicomunismo veicola, nel suo rifiuto radicale dell'astrazione, della separabilità fra prassi e teoria, è una ricerca particolarmente caparbia di una pratica democratica «spessa», fondata sul consenso e sulla massima *con*divisione possibile, che rifiuta ogni feticismo del principio di maggioranza. Chiunque conosca le attuali prassi di governo dei beni comuni e si ponga mentalmente in sintonia con il modo di pensare tipicamente rivoluzionario e radicalmente orizzontale dei comunardi, sa benissimo cosa *davvero* significhi dire che i beni comuni sono «l'opposto» della proprietà. Gioverà ripeterlo per i nostri critici: mentre la proprietà è concetto fondato sull'esclusione, sulla rivalità e sulla strutturazione verticale del potere, i beni comuni sono esperienza di apertura, inclusione, diffusione del potere, solidarietà. I luoghi del comune sono comunità aperte, confinanti con altre comunità aperte, precisamente perché i confini, proprio come il campo di Agamben, sono a loro volta rifiutati come un elemento sociale e non fisico. Non esiste un dentro e un fuori dai beni comuni. Esiste solo un insieme condiviso, organizzato tramite una rete di per sé infinita, secondo una logica condivisa con qualsiasi ecosistema i cui confini sono sempre il prodotto artificiale della necessità di descriverli (si pensi alla palude rispetto al mare o alla terraferma), ma mai un elemento fisico naturale o necessario. La visione chiusa della comunità identitaria in questo senso è tanto odiosa all'individualismo illuminista e borghese quanto al benicomunismo, con l'unica differenza che l'individualismo borghese, veicolo dello sfruttamento capitalistico, identifica la comunità come un nemico e storicamente cerca di distruggerla. Al contrario, la filosofia dei beni comuni lavora all'innesto dell'elemento dell'apertura e della piena emancipazione di ogni soggettività all'interno della comunità, e in questo senso l'analogia non è quella con la bonifica (violenta) della palude, ma con l'innesto del ciliegio selvatico. Contaminazione aperta e non integrazione selettiva e pastorale, per render subito l'idea di quale politica sull'immigrazione portano avanti i benicomunisti nelle loro esperienze di governo.

In effetti, la sola prospettiva per comprendere i beni comuni è quella tendenzialmente immanente, ma non per questo meramente materialista, che guarda la realtà *dal sotto in su*, direi la palude dalla prospettiva della rana. Vista in questa prospettiva, che è poi quella ecologica o sintetica fondata sulla centralità del *tutto*, irriducibilmente diverso dal mero aggregato delle sue parti (in polemica con l'approccio analitico che giudichiamo irrimediabilmente riduttivo), la realtà emerge come un multiforme quanto affascinante insieme di conflitto e di cooperazione, dagli esiti cangianti, fra ecosistemi anche sociali, che si compenetrano in vario modo e che attraverso questa dinamica complessa molto imparano l'uno dall'altro se disposti al riconoscimento. Si pensi al rapporto dinamico tra palude, mare e terraferma e alla mirabile capacità di Venezia o delle terre alle foci del Po di collocarsi in armonia ecologica con il complesso ecosistema fisico, divenuto sociale, della laguna. Tale esito tramandatoci da secoli emerge dal riconoscimento del limite umano, della differenza tra astrazione e prassi concreta, tra universale e generale, direi tra divino e umano. L'accumulo capitalistico, la tecnologia e la logica estrattiva delle istituzioni della modernità fanno perdere quel senso del limite. L'umano non ammette l'esistenza di sfide impossibili da vincere e di leggi ecologiche, che solo all'apparenza possono essere violate attraverso la tecnologia e solo sul breve periodo. Per esempio il delirio di onnipotenza «illuminista» emerge nel progetto faraonico del Mose per regolare le acque nella laguna veneta, le cui conseguenze non potranno che essere ecologicamente devastanti (Settis 2014).

Tanto la conoscenza quanto la politica, ossia la possibilità di tradurre la teoria in prassi, hanno dei limiti. Questi limiti vanno riconosciuti e non rimossi. Certamente non può essere la tecnologia a rimuoverli.

In generale, il superamento della fobia «illuministica» nei confronti della comunità trova nel modello della comunità olivettiana una concreta epifania economica e nella visione gandhiana di un governo di prossimità l'obiettivo politico del mondo diverso possibile che i benicomunisti stanno costruendo tra immani difficoltà. A ben vedere, sono soltanto i postulati storici della concezione liberale e capitalistica del mondo, lo Stato sovrano e la proprietà privata individuale, quelli che l'attuale senso comune ritiene entrambi ineliminabili nella forma e nella sostanza (Grossi 2000). Il benicomunismo, mediante un processo progressivo di erosione del dominio da parte della comunità, fa tesoro della ricchezza dell'esperienza e lavora per l'estensione universale della costruzione di comunità aperta attraverso l'esempio, la contaminazione e la rete. Il processo di raggiungimento dell'ideale, la lotta per l'emancipazione e la civiltà, legano l'immanenza al trascendente. Diversamente dal pensiero liberale che separa con nettezza questi due mondi, una prassi benicomunista è in se stessa liberazione; è già qui e adesso rivoluzione; non attende il Messia o la realizzazione del comunismo; contiene *in nuce*, come ogni particolare, il seme dell'universale, ben conscia della sua irraggiungibilità ma anche del valore in sé della ricerca.

Sul piano filosofico la nozione di comunità (*Gemeinschaft*) in quanto contrapposta a quella di società (*Gesellschaft*) trova la sua teorizzazione piú convincente nell'opera di Otto von Gierke e di Ferdinand Tönnies in un legame piú «spesso», se vogliamo piú istintivo, di quello giuridico-formale e burocratico della società weberiana, in cui dominano sinallagma, individualismo e reciprocità meramente episodica. La definizione piú generale di comunità (umana) potrebbe essere quella di una situazione in cui le relazioni sociali sono basate su un *proposito condiviso* dotato di autorità morale riconosciuta. In quest'ambito comunitario, gli umani trattano l'un l'altro come esseri concreti e completi, ossia come persone. In una comunità aperta, tutti gli individui possono contribuire in modo egualitario e continuativo all'interpretazione degli scopi comuni. A tal fine di partecipazione politica, la diversità dei talenti individuali, aspetto non meritato e dunque intrinsecamente contraddittorio su cui si erge l'edificio della cosiddetta «meritocrazia» liberale, è ignorata. Per Roberto Unger, forse il filosofo contemporaneo che ha riflettuto piú a fondo sulla comunità:

> Esiste un'idea di comunità gerarchica o chiusa. In tale struttura istituzionale gli uomini occupano luoghi sociali fissi. Le relazioni di potere sono sacralizzate da alcuni determinati valori condivisi. Questi valori hanno peso solamente perché essi sono il fine di gruppi particolari che li sostengono. Questo è l'ideale del corporativismo conservatore che riflette la comunità gerarchica e chiusa di un'organizzazione sociale fondata su diversi Stati [nel senso di clero, nobiltà e terzo Stato]. L'alternativa è una *comunità aperta ed egualitaria* in cui l'esercizio del potere è subordinato alle condizioni di democrazia interna. I valori condivisi da ciascun gruppo sono trattati come indicativi del bene [comune] soltanto nella misura in cui l'universalità e la stabilità con cui sono sostenuti presso altri gruppi, nonché le condizioni di democrazia in cui sono stati elaborati, ci consentano di considerarli espressione della natura umana a un certo punto del suo sviluppo (Unger 1975, p. 188, parentesi aggiunte).

3. *Lavoro, beni comuni, ambiente.*

Lo striscione «Il lavoro è un bene comune» aprí il corteo milanese della Fiom ancor prima che si raccogliessero le firme sui quesiti referendari sull'acqua del giugno 2011, contribuendo alla costruzione del benicomunismo come un'ideologia politica a tutto tondo.

Erano quelli i mesi, che oggi sembrano lontanissimi, in cui nell'Occidente liberale i «beni comuni» stavano abbandonando le scrivanie di un numero circoscritto di studiosi, per lo piú economisti negli Stati Uniti (Ostrom e altri) e giuristi in Italia (Commissione Rodotà), ponendo le premesse, tradotte in quesiti referendari, per divenire importante categoria del dibattito politico, capace di infliggere una delle sue pochissime sconfitte al modello neoliberale trionfante dalla caduta del Muro di Berlino.

Comprendere il lavoro tra i beni comuni (sebbene sia una pratica discorsiva non limitata allo striscione, ma diffusasi a macchia d'olio) non è operazione politica priva di critiche; a oggi una riflessione culturalmente provveduta sul tema mi pare manchi. Da un lato, quanti ancora credono nel costituzionalismo liberale hanno fatto leva proprio sulle difficoltà teoriche dell'inserire il lavoro tra i beni comuni per dire «se tutto è un bene comune nulla è un bene comune», rivendicando cosí una specie di purezza concettuale per cui i beni comuni non potrebbero essere nulla piú che un *tertium genus* ben definito tra proprietà privata e proprietà pubblica, nell'ambito del modello oggi costituito (Pennacchi 2013). Dall'altro, la nota corrente di pensiero erede dell'operaismo che ha avviato la piú importante riflessione sul «comune» (Hardt e Negri 2010) evidenzia una tensione, in un contesto di capitalismo cognitivo, tra l'opzione di porre al centro *il reddito* e l'idea che il lavoro possa essere un bene comune (Fumagalli 2013). Del resto, il superamento della Costituzione del 1948, considerata documento irrimediabilmente legato alle condizioni della produzione fordista, passa proprio attraverso il suo essere «fondata sul lavoro» (Mezzadra).

Per restare sul concreto, in Italia il piú importante banco di prova circa la relazione tra lavoro e beni comuni è costituito dalla crisi drammatica di quei settori in cui politiche economiche di netto stampo keynesiano furono effettivamente messe in pratica. Mi riferisco ovviamente alle acciaierie, in particolare Taranto, perché queste, con l'arretramento della Corte costituzionale che ha considerato quello alla salute diritto «comprimibile», sono il teatro di una delle piú brucianti e recenti regressioni culturali del nostro paese. Un teatro in cui tanto la Fiom quanto le capacità di governo della sinistra italiana sono spesso sonoramente fischiate.

Visti i lasciti del progetto produttivo fordista del Piano Sinigaglia che, insieme allo Schema Vanoni, utilizzò il denaro del Piano Marshall per rafforzare la produzione d'acciaio a Piombino, Cornigliano e Bagnoli e dar vita al nuovo stabilimento Italsider di Taranto, è difficile negare che il lavoro o meglio *quel tipo di lavoro* sia un «male comune». Un male per i lavoratori, contadini poveri cui fu promesso un futuro migliore rispetto a quello offerto dall'«avara civiltà dell'ulivo». Un male comune all'intera nazione persuasa, attraverso gli apparati ideologici dello Stato, che la trasformazione brutale di beni comuni fisici e sociali come il paesaggio, l'ambiente, la salubrità delle acque, l'antico sapere contadino e artigianale, in capitale concentrato costituisse un *progresso*. Quel periodo storico il cui conto economico doveva essere pagato dalle generazioni future (cioè dai precari di oggi) venne presentato come *boom* economico (per enfatizzare la gratitudine al governo «amico») in uno dei primi e allora sporadici impieghi politici della lingua egemone. Piú nostrano è il sinonimo *miracolo* economico, una locuzione adatta a convincere i «miracolati» che trascorrere lunghe e dure ore respirando i fumi della trasformazione della ghisa in acciaio fosse un premio di cui bisognava esser grati ai vari protettori politici democristiani che si battevano a Roma per portare lavoro, sviluppo e progresso nelle terre dei cafoni (Pallante 2013).

Le conoscenze disponibili nei tardi anni Cinquanta (sono del 1959 i primi lavori di sradicamento degli ulivi secolari e dei vigneti di una delle coste piú belle del Mezzogiorno, quella del Tarantino) intorno a quel modello di sviluppo che sappiamo bene esser stato sovvenzionato attraverso il «debito ecologico», non erano quelle disponibili oggi. Neppure il libro di Rachel Carson era ancora stato pubblicato, ed Enrico Mattei veniva accolto come un eroe ovunque si recasse per proporre i suoi disegni (visionari per l'epoca) di sviluppo estrattivo.

La sensibilità ecologica a livello internazionale inizia infatti a emergere nei tardi anni Sessanta e dal punto di vista economico le analisi di Fritz

Schumacher (in origine allievo prediletto di Keynes) dimostrano come le sole ricette coerenti con le esigenze di un paradigma davvero sostenibile vadano cercate in modelli «piccoli e bellissimi», che privilegiano il lavoro di qualità e la buona distribuzione nelle comunità di riferimento rispetto al modello fordista a capitale concentrato. In effetti, Taranto è sin dalle sue origini una tragedia del modello estrattivo a capitale concentrato, fondato su economie di scala e sulla razionalizzazione di processi produttivi nel quadro di un sistema decisionale strutturato in modo da non potersi far carico delle esternalità negative, siano esse di carattere ecologico ovvero sociale. A ben vedere infatti, dopo la sbronza «sviluppista» che un decennio dopo la realizzazione dello stabilimento ne decise il «raddoppio» (in realtà la triplicazione, avvenuta nel 1971 in spregio alle prime resistenze del Comune di Taranto che cercò di opporsi negando i permessi edilizi), la questione ambientale fu posta proprio dalle maestranze tarantine. La «vertenza Taranto» nei confronti di Italsider si sviluppò nel 1974, ottenendo pure qualche risultato positivo sotto forma di un accordo contenente una serie di obblighi volti a mantenere un ambiente di lavoro piú accettabile.

In Italia, a partire dai primi anni Settanta la sensibilità ambientale stava pian piano emergendo. Sebbene la legge Merli, prima normativa a tutela dell'ambiente, dovesse giungere soltanto nel 1976, la giurisprudenza di legittimità e di merito aveva iniziato – in materia di immissioni industriali (art. 844 Codice civile) – a considerare il diritto costituzionale alla salute (art. 32 della Costituzione) come immediatamente precettivo e soprattutto non comprimibile o bilanciabile con qualsiasi altro interesse pur costituzionalmente garantito come il lavoro o l'iniziativa economica. L'evoluzione di questa sensibilità capace di comprendere il legame indissolubile tra salute e ambiente, era iniziata con la cosiddetta Legge antismog del 1964 e aveva raggiunto il suo punto d'arrivo con la legge istitutiva del ministero dell'Ambiente nel 1986. In quello stesso torno di anni, i giuristi lavorarono alacremente alla costruzione di nuove tipologie di danni risarcibili, tutte indicative di una emergente sensibilità in grado di dare rilevanza al bisogno fondamentale di condurre una buona vita in un ambiente sano al riparo da minacce per la salute psichica o mentale. Si sviluppa cosí il dibattito sulla risarcibilità del danno non patrimoniale nelle sue componenti «biologica» (integrità fisica), «morale» (integrità psichica) e infine «esistenziale», ossia legata alla qualità della vita di relazione.

Paradossalmente, l'identità di interessi tra *lavoro, salute e ambiente*, tutte componenti di una visione olistica del territorio (Maddalena 2014), portatrice di un interesse di lungo periodo da contrapporsi a un'iniziativa economica estrattiva, seppur costituzionalmente limitata dall'art. 41 («non può svolgersi con l'utilità sociale o in modo da recare danno alla sicurezza, alla libertà e alla dignità umana»), venne offuscata proprio nel quadro di questa evoluzione giuridica e culturale. La necessità di ancorare la tutela giuridica a diritti soggettivi, pur fondamentali e di rango costituzionale, fece perdere di vista la dimensione collettiva e quella dei doveri sociali, individualizzando il conflitto. Fu cosí che si insinuò la visione di un contrasto di interessi tra lavoro e ambiente laddove il primo fu utilizzato tramite una classica strategia ricattatoria, cui il sindacato non riuscí a resistere, come scudo ideologico a tutela del profitto. Da una parte, la riduzione della questione a un conflitto fra diritti e interessi individuali contrapposti (produrre da un lato, godere tipicamente come proprietario residenziale di aria buona e di un bel paesaggio dall'altro) rendeva gli interessi sovraindividuali indirettamente coinvolti (lavoro e ambiente) a loro volta in conflitto. In piú, lo Stato sociale proprio in quegli anni dichiarava di poter farsi carico del diritto costituzionale alla salute tramite l'istituzione (e siamo alla metà degli anni Settanta) del servizio sanitario nazionale, con ciò spostando la partita nell'ambito del diritto pubblico. Insomma, il limite culturale stava ancora una volta nel racchiudere lo spettro delle possibilità nell'alternativa privato-pubblico, nell'ambito di quella falsa contrapposizione che abbiamo contestato radicalmente.

In questo quadro, il lavoro (salariato) venne ridotto a una mera componente del processo produttivo, importante in quanto «lotta alla disoccupazione» e dunque contrapposto alle esigenze di conservazione dell'ambiente, visto come entità statica e conservatrice. La dimensione qualitativa del lavoro come processo di emancipazione, collaborazione alle scelte produttive, guardiano delle condizioni dei luoghi e della salvaguardia di salute, ambiente e coesione sociale (qui sta l'importanza del lavoro domestico di cura, a oggi non salariato), viene completamente sminuita nella logica fordista, tanto nel caso di attività economica privata quanto nel caso di quella pubblica. Eppure gli appigli costituzionali non mancano, dall'art. 43 con il ruolo riconoscibile alle «comunità di lavoratori o di utenti», all'art. 46 con il «diritto dei lavoratori a collaborare [...] nella gestione delle aziende».

Negli anni Cinquanta, l'ideologia della crescita promossa dallo Stato in prima persona accompagnata da ignoranza della questione ambientale portò alla devastazione di Taranto. Negli anni Novanta, la celebrazione ideologica delle virtú salvifiche del privato portò alla vendita al gruppo Riva. Qui però non c'è buona fede, perché le conoscenze ecologiche c'erano già tutte e il dovere dello Stato (governo Prodi) sarebbe stato quello di farsi carico in prima persona della conversione dell'intera economia nell'area. Infatti, l'immenso sito dello stabilimento di Taranto era già stato dichiarato, per legge, zona ad alto rischio ambientale nel 1994 e la vendita avvenne nel 1995. In piú, la vendita della piú grande acciaieria europea, che impiegava oltre 12 000 operai, avvenne a prezzo vile, poco piú di 700 milioni di euro, nell'ambito di quella enorme dismissione di patrimonio pubblico le cui conseguenze ricadranno per decenni sulle spalle dei nostri figli. Nello specifico, privatizzando non ci si poteva certo liberare del problema, ma si moltiplicarono i soggetti coinvolti e i conflitti d'interesse.

In questo contesto bisogna riflettere sul senso del lavoro come un bene comune, un'esperienza collettiva capace di emanciparsi dall'alienazione fordista e dall'idolatria produttivista per farsi avanguardia nella trasformazione del capitale in beni comuni. Il lavoro può essere *commoning* dando pieno significato alla componente di condivisione sociale nelle scelte relative alla produzione, nei processi produttivi, e nella grande conversione ecologica che volenti o nolenti siamo chiamati a intraprendere. Il lavoro si fa bene comune se recupera la sua dimensione collettiva e la sua soggettività politica diretta, prendendo coscienza prima di tutto delle strumentalizzazioni tragiche di cui è stato vittima. Non esiste un interesse dell'ambiente e della salute contrapposto a quello del lavoro. Esiste soltanto un interesse predatorio della produzione capitalistica, che fa uso della tenaglia tra pubblico e privato per distruggere ogni bene comune, incluso il lavoro.

4. *Benicomunismo e animalismo.*

Nessun dibattito sulla (in)fecondità della distinzione tra natura e cultura nello studio dei beni comuni può fare a meno di porsi la questione del rapporto fra uomo e altre specie nel nostro ambito: dire che la fauna selvatica è bene comune, come nella tassonomia della Commissione Rodotà, è foriero di implicazioni antropocentriche o speciste, vale a dire razziste nei confronti di altre specie? La presunta diversità e superiorità dell'umano sul non umano si fonda proprio su un'idea di cultura, contrapposta alla natura. Essa non trova invero conforto nella teorica dei beni comuni. Secondo la visione antropocentrica, solo l'uomo sarebbe portatore di cultura, egli solo sarebbe capace di trasformare i propri comportamenti informandoli a ideali di giustizia, allontanandosi cosí da primordiali istinti prevaricatori. Se cosí è solo l'uomo può riconoscere i beni comuni, anche la fauna, e darsi delle regole per il loro governo. In realtà la riflessione scientifica piú avveduta oggi ridiscute la nozione di *istinto* riconoscendo a molte specie animali tratti di cultura, intesa come capacità di elaborare soluzioni differenziate per risolvere un medesimo problema nell'ambito di uno stesso ambiente (Regan 1990). Molti animali sono capaci di sensibilità, intenzionalità, intelligenza e persino di altruismo, empatia, pazienza, gentilezza e in taluni casi anche moralità estesa oltre i confini della propria specie. Le specie animali non umane conservano il loro territorio, e lo governano assai sovente in modo del tutto sostenibile. Ciò che le altre specie non hanno imparato a fare è devastare su vasta scala l'ambiente naturale, istituzionalizzare lo sfruttamento, l'incarcerazione e la riduzione in schiavitú, costruire strutture di sterminio massificate in cui milioni e milioni di altri esseri senzienti (oggi riconosciuti come tali anche dall'art. 13 del Trattato di Lisbona) sono sottoposti a sofferenze inaudite per soddisfare il piacere di alcune minoranze della popolazione umana vivente o per sperimentare farmaci o processi.

Che i beni comuni vadano condivisi oltre la specie umana e salvaguardati nell'interesse della vita e dell'ecologia nel senso piú ampio del termine è ben piú che un imperativo morale che grava sulla specie maggiormente responsabile della loro devastazione. È un imperativo di sopravvivenza. Certo non si può pensare di risolvere i problemi indicati ormai ufficialmente dal Millennium Ecosystem Assessment, che raccoglie oltre 1300 scienziati i quali a partire dal 2001 stanno offrendo dati catastrofici sullo stato del nostro pianeta, attraverso il meccanico riconoscimento di «diritti» agli animali o alla semplice sussunzione della fauna o della flora nell'elenco dei beni comuni, perché è infantile credere di risolvere i problemi dando dei nomi alle cose.

Tuttavia sarà bene ricordare che 27 000 specie viventi si estinguono ogni anno, il che significa 74 al giorno e una ogni venti minuti.

La rigenerazione dei beni comuni come processo ecologico non può che avvenire salvaguardando la pluralità del vivente, sicché il benicomunismo, come visione del mondo radicalmente antitetica al liberalismo capitalista dominante, non può che essere antispecista, fondandosi non tanto sull'idea di diritti da estendersi ai non umani quanto su quella ben piú incisiva di un processo collettivo di liberazione dalla strutturazione capitalista del potere, che riguarda tanto gli animali non umani quanto quelli umani. Attraverso il benicomunismo le drammatiche indicazioni note agli ecologisti dai primi anni Sessanta, ma oggi ufficializzate in dati sconcertanti dalle stesse Nazioni Unite, divengono ragione fondante di un diritto/dovere di resistenza rispetto a un apparato politico-economico globale che non lascia scampo alle generazioni umane future anche mediante pratiche di olocausto di non umani che sono accettate nella quotidianità.

Del resto, la stessa contrapposizione tra natura e cultura, come molte altre tipiche dell'immaginario della modernità (fatti-valori; ragione-desiderio; diritto oggettivo-valori soggettivi; innato-acquisito; soggetto-oggetto...) discendono da un unico modello di razionalità strumentale che una critica totale come quella benicomunista non può che travolgere. Non ha significato diverso dire che gli animali sono beni comuni da quanto non ne abbia dire che lo sono gli umani. Tra l'essere e l'avere, tra i fatti e i valori, si colloca il mondo dei beni comuni, in cui si ritrovano tanto gli umani quanto tutti gli altri viventi.

Capitolo terzo
Benicomunismo e trasformazione politica

1. *Utopismo e idolatria.*

La teoria politica dei beni comuni si misura con i due peccati mortali di ogni critica totale, l'utopismo e l'idolatria (o feticismo), e si guarda da entrambi (Unger 1975). L'idolatria consiste nella confusione dello stato presente con l'ideale: idolatria è tanto l'iconografia totalitaria dei regimi novecenteschi, ancorché comunisti, quanto la narrazione del pensiero unico oggi, dopo la caduta del Muro di Berlino. L'autocompiacimento narcisistico, tanto sul piano politico quanto su quello personale, produce soltanto declino, barbarie, conformismo e stupidità. Dall'idolatria non sono immuni diversi compagni. È probabilmente questo peccato una delle ragioni dell'incapacità del movimento dell'acqua bene comune di incidere politicamente dopo il referendum. Il rischio dell'idolatria si ripete ogni volta che una giornata di piazza «riesce», o quando si raggiunge un quorum elettorale. Si perde allora ogni senso della proporzione. Per esempio, sul finire del 2014, una militante di Occupy Wall Street a un seminario internazionale si mostrava ottimista circa il positivo impatto politico del movimento, «perché i vicini di casa ora si parlano», scordandosi che appena una settimana prima negli Stati Uniti la destra piú reazionaria aveva conquistato il Senato imponendo un negazionista climatico come nuovo presidente della potentissima Commissione ambiente!

L'altro peccato mortale è l'utopismo, che definisce l'obiettivo politico della lotta in modo totalmente dissociato dalle circostanze storiche in cui ci si trova. Cadendo nell'utopismo si minano alle radici le condizioni di realizzabilità del proprio progetto politico, perché non ci si misura sul come qui e adesso si possano cominciare a muovere passi per la sua realizzazione. Ecco perché il benicomunismo deve cercare oggi di approfittare di ogni occasione per incidere sui processi politici reali, fosse pure soltanto sperimentazione amministrativa, perseguendo esperienze di istituzionalizzazione costituente ovunque se ne presentino le condizioni. Mentre l'idolatria produce impotenza attraverso la falsa autopacificazione delle pulsioni di lotta, l'utopia la produce attraverso l'insorgenza minoritaria e la *jacquerie*.

2. *Beni comuni e bene comune.*

Il conflitto e la sua innata propensione a mutarsi in cooperazione, qualora riconosciuto e condiviso, distingue i *beni comuni* (al plurale) dal *bene comune* (al singolare), esito questo di una visione trascendente con antiche radici nella patristica e nella dottrina sociale della Chiesa. Anche qui la distinzione può essere segnalata, ma non va necessariamente esagerata nelle sue implicazioni. La filosofia dei beni comuni, lo abbiamo piú volte ripetuto, rifiuta ogni universalismo puramente trascendente e non reprime, anzi fomenta il conflitto mirato non utopistico, intorno alla cui trasformazione in pratica creativa e generativa cerca di erigere i propri assetti istituzionali. Mentre è perfettamente accettabile il progetto di chi cerchi di tradurre l'idea del *bene comune* in quella di pubblico interesse per proporre letture anche costituzionali volte a ripudiare il privatismo e la prevalenza dell'interesse privato (Settis 2013), meno lo è chi, lavorando sulla confusione terminologica tra bene comune e beni comuni, tenta di delegittimare politicamente i secondi, rivolgendo al primo concetto critiche del tutto condivisibili, fondate sull'arricchimento di percezione che ovviamente deriva dal materialismo storico (Asor Rosa 2012) o ancora dall'immanentismo *à la* Spinoza. In realtà i beni comuni, cosí come possono essere insieme fatto e valore, essere e avere, possono pure essere immanenza e trascendenza, critica totale appunto alla gabbia del pensiero meccanicistico liberal-capitalistico il quale si illude di poter declinare sullo stesso piano teorico l'universale e il particolare, la filosofia e la politica. Tutto ciò dunque nella piena consapevolezza dei limiti e delle aporie anche logiche tra prassi e teoria, riformismo e rivoluzione, ruolo del singolo e potere delle moltitudini. Rifiutando la fecondità, o meglio riconoscendo l'inutilità di operare scelte a priori su queste tensioni, tanto piú se di carattere individuale.

Detto ciò sul piano teorico, resta la questione delle alleanze, cruciale per chi voglia evitare l'utopismo. Assai sciocco sarebbe, soprattutto in Italia, fingere di non vedere quanto si sta producendo nell'ambito della dottrina politica e sociale della Chiesa di Roma con l'ascesa di papa Francesco al soglio pontificio. In effetti, l'unica esperienza sin qui non minoritaria del benicomunismo, il referendum sull'acqua, non è spiegabile senza cogliere la comunanza di intenti politici che in certi ambiti, soprattutto economici ed ecologici, il benicomunismo manifesta con il pensiero sociale cattolico. Questa comunanza, critica nei confronti degli aspetti piú intollerabili del materialismo capitalista, del suo vuoto consumismo, del feticismo della tecnologia, della disumanizzazione prodotta dalla diseguaglianza economica, dell'individualismo possessivo, va coltivata con grande attenzione. È verosimile che soltanto un'alleanza forte e leale tra benicomunisti e quel mondo cattolico che si riconosce nel ministero francescano, nella gioia per la sobrietà e nell'emancipazione del farsi bene comune possa determinare l'agognata inversione di rotta.

3. *Benicomunismo, socialismo comunismo.*

Il benicomunismo evoca un orizzonte di senso profondamente egualitario nell'ambito di un modello cognitivo, comportamentale e antropologico che ritiene l'essere umano capace di dare il meglio di sé solamente qualora emancipato all'interno delle formazioni sociali in cui agisce la sua personalità. L'emancipazione implica l'eguaglianza la quale, declinata in modi diversi (dall'eguaglianza delle possibilità a quella degli esiti), costituisce il fondamentale contenuto di ogni teoria della giustizia. L'anelito all'uguaglianza formale, spirituale e materiale sta alla base del pensiero socialista e comunista in ogni sua forma storica o idealizzata sin da Pitagora e Platone (pur nell'ambito di cerchie ristrette di eguali), e il benicomunismo è tutt'uno con tale nobile ideale sulla base del quale il piú forte si prende cura del piú debole.

Condividere radici e genealogia non significa tuttavia identità, sicché varrà la pena di accennare, con la concisione che si confà alla natura di questo libriccino, alle principali differenze che la teoria politica dei beni comuni ha sin qui riconosciuto rispetto alla tradizione socialista e comunista.

Ovviamente, non ci sono né gli spazi né le capacità di questo autore per distinguere i moltissimi filoni di pensiero e di prassi che possono raggrupparsi sotto l'etichetta «comunismo», sicché il termine è inteso qui in senso ampio, non diversamente da quanto fatto con altre locuzioni ugualmente impiegate in modo evocativo quali per esempio «liberalismo».

Innanzitutto, la critica totale che i beni comuni articolano nei confronti dell'egemonia del pensiero liberale travolge pure la tradizione giacobina, illuminista e modernista, che ancora pervade di sé gran parte della filosofia marxista, sicché una prima differenza sta proprio nel rifiuto del pensiero benicomunista di ogni evoluzionismo sociale o nozione di progresso storico lineare. I beni comuni si collocano nel filone di pensiero ecologico e reticolare, nettamente consapevole di come l'evoluzionismo sostenga nella scienza tanto le visioni di trasformazione dal disordine all'ordine quanto quelle specularmente opposte (Prigogine 1991). Non c'è dunque nel benicomunismo idea di progresso sociale, ma solamente consapevolezza di trasformazioni che possono esser lette in modo differente a seconda dell'importanza che si riconosca all'accumulo delle conoscenze tecnologiche rispetto ad altre forme di sapere.

Un altro punto che riesce spesso ostico, soprattutto a chi è affezionato agli occhiali teoretici della contrapposizione tra destra e sinistra, è la netta equidistanza dei beni comuni tra concezioni stataliste e concezioni proprietarie dell'organizzazione sociale. Stato e mercato, pubblico e privato, pianificazione e proprietà privata, sono tutti assetti istituzionali egualmente fondati sulla concentrazione del potere, sull'esclusione e sulla gerarchia. Essi rispecchiano una visione epistemologica lontana da quella dei beni comuni.

Invero, la parte migliore della riflessione giuridico-istituzionale socialista, quella legata al grande Pašukanis, era pienamente consapevole dell'aporia tra Stato ed emancipazione, delineando una fase ultima di «dissolvimento» delle istituzioni giuridiche socialiste nel comunismo realizzato. Questa concezione, pur nell'ambito di una sostanziale differenza rispetto a ruolo e natura del diritto, è teoreticamente compatibile con il benicomunismo, che tuttavia la elabora al di fuori dell'evoluzionismo sociale sopra accennato.

In altri termini, non esistendo una separazione fra individuo emancipato e formazione sociale in cui si articola la sua personalità, non può esistere neppure una separazione fra persona e diritto, inteso come insieme di norme comportamentali che governano lo stare insieme, ossia che determinano i rapporti fra la parte e il tutto. Il diritto è comportamento sociale sicché il suo «dominio» da parte dello Stato, che andrebbe a dissolversi nel comunismo realizzato, costituisce una tragica quanto diffusa illusione ottica. Lo Stato non domina mai *universalmente* il diritto, ma soltanto quello *specifico* che regola i rapporti fra quegli individui non emancipati i cui corpi è in grado di dominare, con la violenza o con la mistificazione. La comunità di individui emancipati è comunità giuridica sovrana, capace di condividere qui e adesso il proprio diritto. L'esercizio del diritto collettivo alla resistenza, fondato nella prassi di giustizia e di emancipazione, rappresenta l'ecosistema potenzialmente in grado di espandersi a rete e farsi istituzione del comune per restituire equilibrio fra le leggi umane e le leggi di natura. È molto importante sottolineare che il benicomunismo, e qui il magistero di Antonio Negri va riconosciuto appieno, non rifiuta l'umanesimo, di cui ammette i tratti di emancipazione, ma il suo connubio storicamente realizzato con il capitale, che lo trasforma in astratto individualismo e schiavitú.

In questo senso il rifiuto epistemico di una differenza tra fatti e valori, dunque di ogni positivismo scientista, fonda pure la differenza tra benicomunismo e socialismo/comunismo utopistico o realizzato. Non c'è attesa della caduta del Palazzo d'Inverno o del dissolversi del diritto al raggiungimento della società comunista. Non c'è di per sé alleanza strategica con lo Stato né abolizione della proprietà privata dei mezzi di produzione come presupposto di tale alleanza. Ci sono soltanto contesti, diversi e resilienti, in cui collettività della piú varia natura si riconoscono e compiono sperimentazioni istituzionali costituenti dei beni comuni, che sono emancipazione nella consapevolezza, secondo le condizioni di possibilità dettate dai contesti in cui si trovano a operare. Per esempio, la «funzione sociale della proprietà privata», compromesso non socialista contenuto nella Costituzione italiana, ha recuperato vitalità nella prassi di lotta per i beni comuni e contro la proprietà privata estrattiva e speculativa, come per esempio quella del Colorificio liberato di Pisa, del Cinema Palazzo di Roma, o del Collettivo Macao di Milano.

Non c'è utopismo né feticismo nei beni comuni, ma non c'è neppure il realismo cinico dell'essere né il dogmatismo del dover essere. C'è soltanto la sperimentazione attuale, dal basso, nella immensa varietà dei contesti, di cosa *potrebbe essere* il mondo, se la rete delle pratiche resistenti rispetto alla mercificazione e al delirio di onnipotenza della crescita infinita potesse finalmente emancipare l'intera vita sul pianeta. In questa sperimentazione si trova *qui e adesso* l'emancipazione.

Appena un cenno merita a questo proposito il rapporto fra emancipazione benicomunista e istituzioni politiche costituite. Nel modello della rappresentanza politica prodotto dal costituzionalismo occidentale, la maggioranza vince. Poiché mai la maggioranza vince per un voto soltanto, in qualunque contesto di dimensione numerica appena significativa, risulta in modo evidentissimo che la volontà del gruppo si ricava dall'aggregato di un gran numero di comportamenti individuali, che sono tutti accomunati dall'essere irrazionali se fini a se stessi. Il mio voto individuale non farà mai la differenza, sicché il suo costo, da quello dell'informazione necessaria per esprimerlo, a quello del trasporto sino al seggio, è dal punto di vista personale uno spreco. Il comportamento economicamente razionale è dunque quello di chi non va a votare. Da questa banale osservazione segue che il voto, anche quando motivato dal piú bieco egoismo politico, è in realtà un atto generoso verso il corpo sociale che si vuol dare una volontà comune e costituisce sempre un «atto di fede» nel sistema costituito o nella possibilità di determinarlo. Molti comportamenti individuali, tutti di per sé inutili e fideistici, creano cosí la *realtà* politica. Esattamente lo stesso principio vale per la resistenza rivoluzionaria dei beni comuni. Tante conversioni ecologiche anche soltanto individuali producono la realtà politica, che è già tale per il solo fatto di essere azione politicamente motivante. In questo senso il voto politico o amministrativo e persino l'impegno politico tradizionale non sono di per sé incompatibili con alcuna teoria o prassi benicomunista. Semplicemente, da soli, declinandosi interamente in uno spazio costituito, non hanno alcuna capacità costituente realmente trasformativa.

La differenza tra chi ritiene di partecipare al sistema politico e dunque essere cittadino, solamente tramite l'esercizio del diritto di voto, ancorché informato, dedicando il resto del tempo ad attività individualistiche e chi invece si esprime politicamente nei beni comuni, non può dunque trovarsi nella razionalità, nel realismo o nell'utopismo dell'uno o dell'altro. Ciò che muta è la stessa idea di cittadinanza e soprattutto la qualità della vita: chi si batte per i beni comuni nella sua quotidianità vive già qui e ora in un mondo piú bello, fatto di condivisione.

4. *Genealogia giuridica dei beni comuni.*

Per comprendere il rapporto, invero antichissimo, tra beni comuni e giuridico occorre rifuggire da una visione tecnica e formalistica del diritto, per abbracciarne invece una attenta all'interpretazione e ai nessi tra le norme formali e le grandi forze politiche e sociali che determinano le trasformazioni del nostro vivere insieme. Questo approccio culturalmente ricco, che sta lontano dall'uso di ogni gergo iniziatico, rende il diritto e la sua storia accessibile a tutti. Un atteggiamento che riflette la natura viva del diritto, scostandosi da quella visione, a un tempo tecnocratica e formalistica, che purtroppo prevale ancora nettamente nella nostra cultura giuridica e pubblicistica *politically correct*. Il formalismo da lí si irradia in quella sorta di feticismo della legalità che, impadronendosi di ampi strati della popolazione, porta a confondere sempre piú spesso la legalità con l'ordine pubblico e a far scomparire il grande tema della legittimità.

Uno studioso del diritto romano, Andrea Di Porto, offre una prima vera genealogia tecnica dei beni comuni nella nostra tradizione giuridica. Ciò regala dimensione storica e anche «un senso» alla battaglia benicomunista, in cui è essenziale la valenza giuridico-professionale quantomeno tattica (che invece sfugge completamente a diversi economisti e filosofi i quali si affannano a denunciare la natura «ideologica» del benicomunismo).

In effetti, la genealogia politica dei beni comuni, dalla seconda Scolastica a Tommaso Moro, da Rousseau a Proudhon, al Marx della cosiddetta accumulazione primitiva, era già a disposizione di chiunque padroneggi un minimo di storia delle idee. Quella giuridica non era ancora stata messa a fuoco. Essa prende le mosse nella Roma repubblicana giunta a noi tramite la pandettistica tedesca del secondo Ottocento. Dal grande romanista Vittorio Scialoja, la riflessione su quanto noi oggi denominiamo beni comuni passa per altri «mostri sacri» della cultura giuridica italiana: Pasquale Stanislao Mancini, Ludovico Mortara e Mariano D'Amelio, nella prima parte del secolo scorso. Di qui la torcia illumina negli anni Cinquanta gli studi romanistici di Francesco Casavola e quelli amministrativistici di Massimo Severo Giannini. La piena consapevolezza metodologica della critica radicale al positivismo statalista, che deriva dal guardare il diritto «dal sotto in su», è dovuta negli anni Settanta a Paolo Grossi, che la tramanda alla Commissione Rodotà (2007) e alle Sezioni unite della Corte di Cassazione del

2011, con il suo attuale riconoscimento dei «beni comuni» nel novero delle categorie del nostro diritto positivo.

Questa storia soltanto apparentemente si riduce alle riflessioni raffinatissime di alcuni «principi del foro» dell'antica Roma (Ulpiano, Marciano e Cicerone tra gli altri) e dell'oggi. I benicomunisti ben sanno che il contesto politico determina il rapporto fra il popolo e i beni necessari per la sua vita e la sua riproduzione. Il legame fra beni comuni, loro accesso e tutela e la strutturazione imperiale del potere ai tempi di Roma offre cosí un primo anello di questa genealogia giuridico-professionale. Il declino della Roma repubblicana e la concentrazione del potere imperiale penalizzano i beni comuni, che vengono affidati a una burocrazia e sottratti al diretto governo popolare.

Agli albori dell'Italia liberale, i rapporti fra costruzione dello Stato nuovo e potere del suo popolo sono fortemente influenzati dall'aporia, non pienamente compresa, fra beni comuni e Stato centralizzato. L'angolo di osservazione del giurista storico non può limitarsi alla definizione sostanziale dei «beni comuni», nozione che già abbiamo accettato essere ambigua, e comprensibile soltanto nei suoi diversi contesti politici e culturali. La genealogia diviene possibile perché il giurista, attento al lato pratico delle questioni, predilige il momento dei rimedi, dell'accesso (alla) e della tutela. I beni comuni possono allora coincidere con la loro «tutela diffusa» (un'espressione già adoperata da Scialoja negli anni Ottanta del secolo XIX, che significa che tutti possono agire in giudizio per difenderli): opzione percorsa pure nella Commissione Rodotà, e che recentemente Settis ha portato agli onori del dibattito politico-culturale con il suo libro *Azione popolare. Cittadini per il bene comune*. Ancora una volta, è la partecipazione diretta del cittadino che il diritto può e deve garantire per facilitare il riconoscimento e la salvaguardia dei beni comuni.

Nel rapporto fra teoria giuridica e uso pratico del diritto in ottica di trasformazione politica si gioca una battaglia critica per i benicomunisti. L'apparente aporia fra tentativo di riconsegnare il diritto nelle mani del popolo, superando il monopolio professionale sulla sua conoscenza, e impiego della giurisdizione in chiave di riconoscimento giuridico dei beni comuni concretizza tutta la distanza fra il benicomunismo e ogni utopismo. Qui si racchiude pure la differenza rispetto al *judicial activism* tipico del modello statunitense, dove alle Corti si ricorre per portare avanti il progetto di universalizzazione dei diritti umani, al di fuori di ogni reale contatto fra gli avvocati impegnati in questi progetti e le istanze politiche reali.

Utilizzando quello che i giuristi chiamano un approccio *rimediale* allo studio storico-giuridico dei beni comuni, risulta piú visibile il rapporto fra diritto e politica. Si può cosí spiegare il lungo silenzio della romanistica dominante sull'istituto dell'*azione popolare*, ossia della legittimazione del *quivis de populo* (cittadino) a difendere le *res in usu publico*, cui può ricondursi la nozione di beni comuni, accanto alle marcianee *res communes omnium*. Allo stesso modo si spiega il grande interesse per questo istituto dei giuristi italiani e tedeschi che scrissero sul finire del XIX o nella primissima parte del XX secolo, in particolare in Germania lo Jhering dello *Scopo del diritto* e da noi il giovane Vittorio Scialoja, destinato a diventare il protagonista assoluto della cultura giuridica del suo tempo.

Emerge cosí che l'azione popolare e la tutela diretta dei beni comuni costituiscono un principio antagonista rispetto alla strutturazione dello «Stato apparato» gerarchico e della stessa idea di persona giuridica, pubblica e privata che sia. Cosí come la portata dell'azione declinò quando la Roma imperiale istituí apposite magistrature deputate alla salvaguardia delle *res publicae*, lo stesso non poteva che avvenire quando lo Stato liberale (con il suo costituzionalismo sbilanciato a tutela del privato) sposò quell'assolutismo giuridico che ancora domina indisturbato l'attuale discorso sulla legalità costituita. È una *contrapposizione*, quella tra lo Stato moderno e il suo popolo (che pure la nostra Costituzione vorrebbe sovrano), da cui era immune la Roma repubblicana e che il piú celebre esponente della cosiddetta «giurisprudenza degli interessi» tedesca, Rudolf von Jhering, sintetizza come «la cupa concezione dello Stato prodotta dall'assolutismo moderno e dallo Stato di polizia nei popoli dell'Europa moderna» per aggiungere, in premonizione della fase attuale:

> [...] dovremo ancora soffrire a lungo delle conseguenze di ciò [...] la nostra scienza moderna prende in considerazione la persona giuridica, come se questo ente soltanto pensato, che non può né godere né sentire, avesse un'esistenza autonoma.

A tale *contrapposizione* tra Stato, personalità giuridica e comunità popolare si rimedia, per dirla con Scialoja, «destando la coscienza giuridica del cittadino» rendendo «piú strettamente giuridiche le nostre leggi».

Con ciò si spiega pure l'emergere dell'interesse per ciò che può fare *direttamente* la comunità popolare, tanto nella fase di strutturazione dello Stato italiano sovrano nazionale quanto nell'odierno triste declino di questo feticcio nelle mani di una classe dirigente incapace e collusa (ancora con Scialoja: «l'inerzia o l'ingiustizia di un pubblico funzionario, il quale troppe volte rappresenta non lo Stato ma la maggioranza che lo governa»).

5. *Benicomunismo e uso sovversivo del diritto.*

In effetti, chi legga onestamente la storia italiana degli ultimi anni non può che riconoscere come la riemersione dei beni comuni dall'oblio in cui la contrapposizione moderna tra pubblico e privato li aveva rinchiusi sia stata l'esito di una fortunata sinergia tra riflessione giuridica e prassi di movimento, proprio a seguito dell'arrogarsi da parte dei governi della proprietà di ciò che appartiene al popolo. La politica delle privatizzazioni condivisa da tutti i governi dal 1990 a oggi e imposta a enti locali, trasformati in agenzie di taglio dei servizi sociali in esecuzione dei piani di austerità, ha determinato l'articolarsi del benicomunismo, anche in risposta alla crisi del 2008. Mai infatti il tema sarebbe riaffiorato nella sua attuale importanza senza la sua conscia politicizzazione attraverso il referendum sull'acqua bene comune. Una sinergia tra cultura giuridica e movimenti popolari nata prima di tutto nella crisi di legittimità della stessa rappresentanza politica costituzionale, la quale ben si è guardata dall'avvicinarsi con serietà alla materia dei beni comuni, preferendo cercare di trasformare in «moda» una battaglia politica che sa invece incidere proprio in virtú della sua capacità di applicare le categorie del giuridico, anche quelle momentaneamente piú recessive.

L'analisi storica del diritto italiano offre materiali interessantissimi di come il diritto dei giuristi, quando capace di riflettere bisogni reali del popolo, abbia saputo scardinare anche le barriere legalistiche piú chiaramente codificate. C'è un filo dalla celebre sentenza che assegna Villa Borghese al popolo romano nonostante il tentativo del principe di chiuderne i cancelli, alla stessa sorte capitata a Villa Lante della Rovere, a numerosissime sentenze minori che, incuranti della svolta autoritaria e assolutistica del Codice civile del 1942 (vigente), mantengono «accesa la fiammella» di un diritto pubblico d'uso e di accesso, accompagnato da azione diffusa, negli interstizi procedurali del nostro diritto positivo. Tale diritto, prodotto dai fatti e dai bisogni collettivi, si presenta alto e culturalmente provveditissimo nelle fasi in cui il modello assolutistico (del pubblico o del privato) si presenta fragile o tentennante, mentre la fiammella si fa debole e sottotono (ma non spenta) nelle fasi in cui l'assolutismo trova la forza politica di imporsi in tutta la sua arroganza. La Cassazione del 2011 che, nonostante l'inerzia di ben due Parlamenti istituiti con legge elettorale incostituzionale dal 2008 a oggi, ha recepito (e migliorato in senso collettivistico) la definizione di beni comuni della Commissione Rodotà offre un esempio di come il diritto possa legittimamente spingersi ben oltre la legge. Altra giurisprudenza di merito (quella pisana sul Colorificio liberato, quella sulla Valsusa che nega accesso alla Corte costituzionale) ci consegna segnali opposti, piú coerenti con la cupa visione della proprietà e della legalità di cui si è fatta sempre piú interprete la Corte europea dei diritti dell'uomo. Oggi in Italia le istituzioni costituite dello Stato apparato non rispettano la volontà del popolo sovrano espressa nelle forme rituali e generano antagonismo politico. Una dialettica viva tra questo e il diritto colto, alla stregua di parametri di legittimità e bisogno, è piú che mai auspicabile.

Il rapporto fra diritto e beni comuni può essere dunque compreso soltanto nel quadro di una declinazione del rapporto fra costituito e costituente nonché di quella fra movimenti sociali e diritto. Innanzitutto, se i beni comuni sono utilizzati come categoria rivoluzionaria, essi non possono che porsi in relazione sovversiva rispetto al diritto costituito. È proprio l'ordine sociale organizzato intorno alla tenaglia fra proprietà privata e sovranità statale a rappresentare il bersaglio critico di ogni ragionamento incentrato intorno ai beni comuni. Di conseguenza, l'azione politica dei benicomunisti non può che tradursi in prassi di rovesciamento di quell'ordine giuridico. In questo senso, la difesa dei beni comuni o si fa lotta per il comune (costituente un'alternativa all'ordine proprietario) o si inaridisce. Nondimeno, il rapporto fra beni comuni e diritto non può essere liquidato in modo semplicistico.

Considerare beni comuni e diritto come entità antitetiche, che vivono in mondi non comunicanti, produce una singolare convergenza fra il fondamento ideologico della tragedia dei comuni (che si radica in una visione nettamente conservatrice di un ordine fondato sul binomio proprietà privata/Stato) e il pensiero piú radicale intorno al comune. Non si può in astratto considerare il comune come luogo del «non diritto». Occorre discutere tanto su questa presunta latenza quanto sulle sue conseguenze teoriche e pratiche. Beni comuni e diritto coltivano nell'orizzonte benicomunista un legame piuttosto intimo, se solo si accoglie un'idea di diritto intellettualmente liberata dal formalismo positivista che domina la tradizione occidentale sin dalla costituzione della statualità borghese. In effetti, il diritto in quanto costante dialettica fra un interprete (utente e produttore di diritto) e un oggetto dell'interpretazione (il tentativo di ogni comunità di dotarsi di regole sociali tendenzialmente rispettate) definisce tanto i beni comuni quanto il comune. Tutto questo certo non solo a livello logico, ma anche storico-fattuale. Il diritto rende lo stesso atto di cogliere un fiore a volte una violazione della proprietà privata, a volte un atto romantico perfettamente legale di accesso alla natura.

Del resto, soltanto l'ascesa del pensiero liberale e dello scientismo disciplinare a esso legato è quasi riuscita a cancellare dalla nostra consapevolezza teorica la presenza di saperi umanistici dogmatici e interpretativi, come la teologia, la grammatica e la giurisprudenza. Essi preesistono e resistono all'universalismo e al positivismo dominante. In nessuno dei suddetti campi di studio esiste infatti una separazione tra l'oggetto della narrazione e la narrazione medesima. Grammatica, teologia e giurisprudenza sono «parte» dell'evoluzione rispettivamente del linguaggio, della religione e del diritto, determinandone notevolmente la forma e la stessa evoluzione. Per queste discipline la contrapposizione tra un momento descrittivo e uno prescrittivo, tra mondo dei fatti e mondo dei valori, è indifferente, probabilmente inutile, cosí come inutile è per loro la tensione universalistica dello scientismo liberale. Grammatica, teologia e giurisprudenza si avvicinano a uno *specifico* linguaggio, a una *specifica* religione e a uno *specifico* diritto. Soltanto ben dopo la rivoluzione scientifica nascono linguistica e sociologia della religione o del diritto, che attraverso il metodo comparativo cercano l'universale e la descrizione oggettiva. In questo senso, per i benicomunisti il diritto non è un dato separabile dalla forza politica capace di trasformarlo facendone uso. Per questa ragione, la consapevolezza generalizzata della sovranità del popolo piuttosto che dello Stato (che ritorna al piú a essere un mezzo contingente), può convertirsi in lotta popolare e comunitaria per il diritto e con il diritto contro ogni dominazione, pubblica o privata che sia.

Il superamento consapevole del monopolio professionale sul modo di vedere il diritto, e/o la trasformazione della prassi di lotta collettiva in teoria giuridica (che sono i due lati della stessa medaglia) costituiscono l'essenza dello strumentario con cui il benicomunismo valica l'utopia e procede concretamente verso l'emancipazione politica universale.

Inoltre, ogni progetto di *commoning*, ossia di governo politicamente consapevole di beni comuni, non può che essere un progetto anche giuridico, proprio perché coinvolgente una pluralità di soggetti secondo il vecchio adagio *ubi societas ibi ius*. Il comune è dunque *luogo giuridico*, come confermato anche dalle ricerche di Elinor Ostrom: la lotta per il comune, proprio perché di portata costituente, non può essere che lotta per il diritto. Un nuovo diritto, ovviamente, prodotto per cosí dire «dal sotto in su» ed emancipato tanto dall'assolutismo giuridico dello Stato sovrano quanto dalla morsa predatoria della persona giuridica transnazionale privata che, controllando lo Stato, controlla pure la sua emissione di norme tramite gli apparati della globalizzazione giuridica. Questo diritto del comune è dunque in gran parte consuetudinario, legittimo in quanto spontaneamente osservato dai comunardi, uso e fatto storico, ma anche valore condiviso, piuttosto che norma formale e strutturazione rigida del dominio (Chignola 2012).

Nel tentativo iniziato di «mettere in bella copia» il diritto dei beni comuni, in stretto contatto con le vertenze reali che lottano per il comune, spesso infrangendo la legalità proprietaria pubblica e privata, sono coinvolti, nella cosiddetta *Costituente dei beni comuni*, diversi giuristi reduci dall'esperienza della Commissione ministeriale per la riforma del libro III del Codice civile, che fu a suo tempo presieduta da Stefano Rodotà.

La struttura giuridica del comune rompe con la natura «estrattiva» e individualizzante della giuridicità borghese fondata sullo sfruttamento dell'uomo sull'uomo e sulla natura, e costruisce una visione «generativa» e relazionale del diritto, lontana dal mondo dell'avere, del dominare e dell'escludere (che accomuna tanto il pubblico statalista quanto il privato dominicale) e vicina a quella dell'essere, del condividere e dell'includere. È proprio il comune nelle sue attuali esperienze realizzate, embrionali ma già significativamente diffuse, a dimostrarci che questo mondo giuridico è «possibile», purché il pensiero giuridico, proprio come il senso comune, sappia emanciparsi dalla gabbia positivista che racchiude il reale nel letto di Procuste di una rigida separazione tra il mondo dell'«essere», illusoriamente realistico, spesso cinico e quello del «dover essere», dogmatico, ideologico e non di rado autoritario. Il diritto del comune è *generativo*, proprio perché si colloca nella sfera del «potrebbe essere», una realtà che tutti sono chiamati a immaginare e cosí facendo in ultima analisi a realizzare. Come «potrebbe essere» un diritto giusto, legittimo, condiviso? Come «potrebbe essere» organizzata e gestita una persona giuridica generativa e non estrattiva, la cui vocazione non sia il profitto bruto e materialistico ma la cittadinanza ecologicamente sostenibile in un mondo migliore per tutti? Come potrebbero essere gestiti servizi pubblici che davvero siano nell'interesse di tutti e che contribuiscano a minimizzare l'impronta ecologica dell'antropizzazione? Come potrebbe essere organizzata un'università che sia bene comune, nell'ambito della quale i rapporti, lungi dallo strutturarsi sulla dimensione del «potere», siano invece governati da quella della condivisione del sapere critico? Sono queste e molte altre le domande che un diritto del governo collettivo dei beni comuni deve porsi. Domande che, per il solo fatto di essere poste, contribuiscono a scardinare la gabbia concettuale in cui si è rinchiusa la modernità giuridica «illuminista», e insieme a essa l'organizzazione dominante del nostro presente.

Il lettore già sa che questo non è un discorso utopistico, un non luogo del diritto, perché tutt'al contrario assetti istituzionali di questo tipo non sono rari nella storia della nostra specie, anche se sotterrati da uno strato spesso di violenza borghese. Essi trovano radici e materiali in antichissime organizzazioni sociali in cui l'umano si adegua alla natura ed è libero dal delirio di onnipotenza di volerla dominare, finalmente distruggendola. Ci sono esperienze umane che hanno saputo realizzare equilibrio e resilienza, rapporti condivisi fra il tutto (società) e le sue parti (individui), mettendo radici profonde in una dimensione dell'uso e della relazione (Míguez Núñez 2013). Non certo solo le società amerindiane prima della violenza coloniale o quelle africane di villaggio, ma anche comunità montane o contadine nel cuore dell'Occidente, che hanno salvaguardato usi civici antichissimi fondati sulla condivisione ritualizzata rispetto alla volontà egemonica e monopolistica del diritto statale. Sia chiaro, quando parliamo di diritto del comune o di organizzazione giuridica dei beni comuni, non ci poniamo in una dimensione nostalgica o bucolica, inadatta al governo di una società tecnologicamente avanzata. Invero, istituzioni del comune governarono l'Italia dei Comuni e contribuirono in modo assolutamente determinante al rinascimento giuridico del tardo Medioevo. Pittori, artigiani, notai, mercanti, scultori, architetti organizzati in gilde curavano la trasmissione dalle vecchie alle giovani generazioni di un sapere dai tratti nettamente qualitativi e pienamente adatto a una civiltà complessa.

Il nuovo diritto che sta nascendo, insieme alla nuova società del «potrebbe essere», si colloca per cosí dire a un livello di sofisticatezza teorica ben piú evoluta rispetto alla mera legge del piú forte in cui si radica il materialismo estrattivo e acquisitivo della modernità giuridica. Data la corruzione globale della produzione giuridica, oggi privatizzata e sotto il controllo autoritario del grande capitale che palesemente sceglie chi ci governa, si potrebbe riassumere cosí il programma benicomunista: o nuove istituzioni del comune o barbarie!

6. *Le nuove istituzioni del comune.*

In Italia, con la definizione di «beni comuni» formalizzata dalla Commissione Rodotà già nel 2008, lo strumentario tecnico-giuridico utilizzabile come grimaldello per la trasformazione auspicata dal benicomunismo si colloca in un solido quadro di «costituzionalismo dei bisogni». I giuristi che si erano raccolti intorno al progetto di riforma del III libro del Codice civile immediatamente identificarono un quadro di principî in cui ancorare a livello costituzionale la riscrittura del diritto dei beni pubblici. Dall'uguaglianza sostanziale al principio di solidarietà (artt. 2 e 3); dal paesaggio interpretato in senso ampio, al diritto alla salute (artt. 9 e 32); dall'istruzione gratuita per i capaci e meritevoli alla retribuzione commisurata all'esistenza dignitosa della famiglia (artt. 33 e 38), sino a tutto l'articolato della cosiddetta «Costituzione economica» (artt. 41-44), la Carta del 1948 formalizza principî importantissimi, ancorché per lo piú disattesi, attraverso i quali il pubblico interesse viene fatto prevalere sul, o almeno non sacrificato al, potere economico privato. L'obiettivo fondamentale che la Commissione si era prefissata, ossia quello di sottoporre ogni decisione di privatizzazione o dismissione di beni pubblici (espropriazione del pubblico a favore del privato) a principî giuridici almeno tanto restrittivi quanto quelli che limitano l'espropriazione del privato nell'interesse pubblico (pubblica utilità, riserva di legge e indennizzo), potrebbe in verità già raggiungersi tramite interpretazioni costituzionalmente orientate. Tuttavia, il quadro di senso costruito dal disegno di legge delega ha certamente arricchito la riflessione giuridica italiana sui beni, collocandola all'avanguardia internazionale, perché ha tradotto in principî tecnici il fraseggio programmatico della Costituzione esplicitandone la visione di lungo periodo.

I beni comuni possono essere di titolarità tanto pubblica quanto privata, producono «utilità» funzionali alla soddisfazione di bisogni fondamentali della persona e vanno governati «anche nell'interesse delle generazioni future». Una tale definizione rompe a un tempo con la rigida distinzione tra pubblico e privato – spostandola nel mondo dell'irrilevanza giuridica rispetto a *utilità* che vanno comunque governate nell'interesse di tutti – e con quella dimensione del «qui e adesso» che rende miope la cultura giuridica e politica occidentale. La definizione di beni comuni della Commissione Rodotà getta cosí le basi di un grande disegno di rifondazione del diritto che si pone il problema del lungo periodo e della condivisione intergenerazionale delle risorse. Si sono fissati i presupposti teorici, tecnicamente compatibili con l'ordinamento giuridico costituito, di una nuova visione della giuridicità, libera da quella distinzione tra pubblico e privato che ancor oggi è la piú forte falsa coscienza ideologica nell'ambito della quale l'umanità dominante vive alle spalle di un pianeta sofferente, consumando e sprecando risorse oltre qualsiasi ragionevolezza.

Questa definizione *giuridica* dei beni comuni ha già dato vita a forme giuridiche nuove, come la già ricordata Fondazione Teatro Valle bene comune, attraverso la quale il piú antico teatro di Roma è stato per tre anni quotidianamente restituito alla popolazione, mostrando concretamente come un'istituzione teatrale pubblica possa essere governata assai meglio di come venga fatto ora abbandonando le vecchie logiche formalistiche e burocratiche (si pensi alla critica alla Siae elaborata in quella prassi). Il senso giuridico della Fondazione spinge piú in là l'impostazione della Commissione Rodotà, perché supera radicalmente l'ottica competitiva nell'assegnazione dei beni pubblici alla gestione privata, rispondendo allo stesso tempo all'esigenza del rispetto delle pari opportunità che, tramite la gara, il modello dello Stato regolatore cerca di soddisfare. Infatti, la Fondazione bene comune (oggi ci sono oltre seimila soci, entrati a farne parte con un contributo irrisorio) è aperta a tutti quanti intendano dedicarsi al governo del Teatro Valle di Roma. Costoro hanno potuto farlo semplicemente attraverso l'impegno fisico e continuativo della partecipazione in veste di «comunardi». È evidente come in questo quadro di senso nuovo la logica di una gara tra diverse associazioni o enti che intendano gestire il teatro sia semplicemente l'imposizione di una regola, quella dell'esclusione del perdente, che contrasta filosoficamente con il criterio radicalmente inclusivo dei beni comuni. Al di là di come si possa leggere e di come si svilupperà la fase nuova, iniziata con l'assai divisivo rilascio dello spazio l'11 agosto 2014, resta l'esito per nulla scontato, culturalmente e politicamente imposto dalla Fondazione, per cui il Valle non è stato messo a gara, ma affidato direttamente a Teatro di Roma per immaginarne un modello di governo pubblico partecipato e condiviso. Una bella differenza rispetto a quanto si poteva immaginare nei giorni precedenti l'occupazione!

Altro esempio di nuovo diritto del comune è la rinnovata Azienda speciale partecipata Abc Napoli, esito della trasformazione generativa di una SpA a totale capitale pubblico, in cui tramite avanzati modelli di partecipazione popolare si cerca di implementare la nuova vocazione dei servizi pubblici come bene comune, superando la concezione del pubblico come «proprietà privata» della maggioranza politica del momento, declinandone cosí una visione piú solida, condivisa e non contingente. Nella pratica partenopea di governo dell'acqua come bene comune, la natura pubblica in senso diffuso si radica in un «comitato di sorveglianza» composto di utenti, lavoratori, ambientalisti e consiglieri comunali con a disposizione una «matrice dei beni comuni». Questo «parlamentino dell'acqua», selezionato con votazioni e sorteggi, verifica che la *vocazione* generativa di Abc, ossia la gestione ecologica e sociale del ciclo idrico, sia effettivamente realizzata e l'Azienda non ripiombi nelle dinamiche burocratiche e clientelari del sistema pubblico partitocratico, ma neppure in quelle speculative ed estrattive del modello aziendalista di una SpA.

Questo esperimento di buon governo pubblico ha dato in tre anni risultati straordinari, liberando Abc dall'indebitamento bancario, generando un significativo *surplus* di cassa e facendole superare indenne attacchi giuridici e mediatici ripetuti e di varia natura, compresa una copertina denigratoria del settimanale «l'Espresso» intitolata *Bevi Napoli e poi muori*. Anche qui, come al Valle, i benicomunisti hanno dimostrato che le istituzioni da loro ispirate possono funzionare meglio di quelle capitalistiche, smentendo con i fatti la trita retorica per cui nella logica dei beni comuni si può al massimo gestire un orto urbano.

Il Teatro Valle e Abc sono stati anche dimostrazione di come le istituzioni del pubblico costituito non siano strutturalmente in grado per ora di apprezzare e cogliere queste novità istituzionali. Le istituzioni del comune infatti devono le loro possibilità di successo alla radicale autonomia e alla capacità di organizzare giuridicamente, in modo indipendente rispetto al colore delle successive amministrazioni, i bisogni sociali.

Non si può escludere che in futuro simili esperienze giuridiche innovative sappiano offrire un modello di governo per altre attività economiche, pubbliche o private che siano, il cui impatto coinvolga la popolazione (e la natura) in modo significativo e quindi politicamente rilevante. Banche, imprese, ospedali, scuole, università, aziende per i trasporti, mezzi di comunicazione e altro ancora, potrebbero essere oggetto di monitoraggio, sorveglianza e proposta da parte di commissioni di vigilanza popolari, selezionate in vario modo e capaci di attirare all'impegno diretto la cittadinanza attiva, raccogliendo quell'intelligenza collettiva che oggi è piú che mai indispensabile. L'acquedotto di Napoli, nel cui statuto i beni comuni trovarono una prima traduzione istituzionale di governo ecologico e partecipato di lungo periodo, è l'unica realtà in Italia ad aver davvero dato seguito al referendum del giugno 2011. Questa pratica non solo è ammirata in tutta Europa, ma è anche assai temuta perché ha dimostrato in concreto come il benicomunismo, essendo tutto l'opposto dell'utopia, possa tradursi in buona amministrazione di una grande azienda. Lo sforzo per federare tutte le aziende di servizi pubblici locali che vogliano sperimentare modelli gestionali coerenti con i beni comuni richiede organizzazione a livello internazionale per mettere a sistema istanze, problemi e soluzioni condivisi da chi consapevolmente voglia resistere al capitale internazionale che domina le politiche di enti locali sempre piú deboli e impotenti.

Il benicomunismo, anche da questo punto di vista, ha incassato qualche risultato notevole. I soliti problemi di narcisismo e di competizione per la *leadership* hanno fatto abortire l'istituzione da piú parti sperata di una «rete dei Comuni per i beni comuni», lanciata a Napoli nell'autunno del 2011 nell'ambito di un'affollata assemblea, presenti diversi importanti sindaci e amministratori locali. Tuttavia, successivamente a quell'esperienza in tutta Italia sono comparsi nelle amministrazioni locali assessorati ai Beni comuni. Inoltre taluni Comuni hanno adottato regolamenti sui beni comuni, sul modello prodotto dal Laboratorio per la sussidiarietà, volti a valorizzare l'apporto diretto della cittadinanza nello svolgimento di servizi pubblici che i Comuni, ridotti a meccanismi di imposizione di politiche di *austerity*, non sono piú in grado di offrire. Questi regolamenti, talvolta noti come di rigenerazione urbana, talaltra di condivisione e cura dei beni comuni, hanno sin qui trovato un'applicazione marginale, ma hanno aperto una riflessione importante e generato qualche polemica. Nel novembre del 2014, per esempio, a Firenze è stato organizzato un convegno intitolato polemicamente *L'Italia: Repubblica fondata sul volontariato?*, che ben dà il senso del timore di cooptazione e di autosfruttamento da parte dei lavoratori cognitivi, che questi regolamenti sui beni comuni possono provocare.

I benicomunisti sono ben consapevoli dei rischi, ma anche dei limiti della cooptazione (si pensi alla famosa alleanza politica Italia bene comune) e analizzano perciò queste sperimentazioni istituzionali ciascuna nel proprio contesto dal punto di vista della loro capacità di generare soggettività plurale. Per i benicomunisti, gli assessorati ai Beni comuni costituiscono esiti desiderabili della loro costruzione di egemonia, nella misura in cui siano in grado di divenire strumenti di autentica «destituenza» delle istituzioni pubbliche gerarchiche. Essi possono servire per restituire alla popolazione potere decisionale autentico e permanente, tramite l'imposizione di limiti istituzionali agli ambiti governati dalla gerarchia comunale, e soprattutto tramite l'istituzionalizzazione del comune che in almeno un caso, quello della città di Chieri, ha mutuato un'esperienza di movimento, strutturando la «comunità di riferimento», sul modello napoletano dell'Asilo Filangieri. Costituente e costituito possono porsi cosí in una dialettica generativa. Un assessorato ai Beni comuni che sappia trasformare uno spazio urbano di proprietà pubblica (una fabbrica abbandonata, un parco, un teatro) in un'istituzione del comune (per esempio facendone una fondazione partecipata, un *community land trust* o una cooperativa di lavoratori) sottrae all'istituzione pubblica per sempre la possibilità arbitraria della privatizzazione, riconquistando il controllo giudiziario pubblico sulle scelte di privatizzazione. La successiva amministrazione che, abolito l'assessorato ai Beni comuni, voglia incamerare il valore di scambio di quel bene tramite la sua dismissione o privatizzazione dovrà a quel punto dimostrare in tribunale la pubblica utilità dell'espropriazione e indennizzare la comunità espropriata. Si tratta di un classico caso di applicazione contro-egemonica del diritto di proprietà privata, garantito dalle Costituzioni borghesi. Per raggiungere questo risultato desiderabile, nelle attuali condizioni politiche ed economiche degli enti locali, è assolutamente essenziale che gli amministratori benicomunisti possano contare su una forte soggettivizzazione pubblica. Occorre cioè una cittadinanza militante, consapevole dei benefici politici che tutti traggono dalla lotta per i beni comuni. Tale cittadinanza si forma nell'esperienza di *commoning* che i benicomunisti vedono come militanza, non come semplice volontariato. Per questo anche le piú normali occasioni di condivisione, in cui si supera la triste dimensione individualistica del consumatore, possono essere preziose e vanno promosse. I regolamenti per i beni comuni, inoltre, possono consentire di socializzare mezzi di produzione attraverso la loro rigenerazione in chiave del superamento del precariato, tramite l'invenzione di forme collettive di lavoro cognitivo o di cura (si pensi al *coworking* in spazi urbani rigenerati). Si consideri uno spazio come il Colorificio Toscano di Pisa, che mediante una versione «avanzata» del regolamento per i beni comuni potrebbe essere assegnato alla comunità di riferimento, che in pochi mesi aveva dimostrato di essere capace di un suo impiego generativo. A chi teme che i beni comuni possano diventare «mera amministrazione» o mera *governance* rispondiamo che la stessa separazione tra politica e amministrazione altro non è che ideologia della modernità.

Quelle descritte sono dunque alcune sperimentazioni giuridiche in corso, che devono moltiplicarsi in ogni possibile luogo in cui un benicomunista sia in grado di incidere al fine di istituzionalizzare il comune.

La base sociale del benicomunismo che va tradotta in istituzioni del comune è l'incredibile ricchezza di pratiche che in nome dei beni comuni si stanno articolando un po' ovunque, resistendo ai processi dominanti dell'individualizzazione capitalistica. La visione politica che accompagna queste pratiche di diversa natura – dagli acquisti solidali alla Banca del tempo, dalle occupazioni costituenti alle assemblee di lotta contro le grandi infrastrutture, dalla solidarietà attiva per i migranti ai tentativi di dare soggettività al precariato, dal sindacalismo di base a pezzi importanti del solidarismo cattolico organizzato – è consapevole della drammatica crisi della rappresentanza (e della sovranità) che caratterizza la nostra epoca. Chi esercita in questi mondi la propria militanza o la propria testimonianza contesta nei fatti la logica tipica della «competizione elettorale», per cui la politica si riduce a vuoto rituale consumistico (Cacciari e al. 2012). È quello il mondo che il referendum sui beni comuni aveva messo in moto, dimostrandone la potenziale egemonia. È quello il mondo la cui visione politicamente ricca e sofisticata deve riuscire a conquistare il cuore del dibattito politico, restituendogli la dignità devastata dallo spettacolo del *talk show* televisivo.

7. *Il futuro e la forza costituente dei beni comuni.*

Far riemergere il comune dalla doppia *damnatio memoriae* della storia è operazione culturale e politica di grande rilevanza e di forte potenziale trasformativo. I *commons* sono stati dapprima schiacciati all'epoca delle *enclosures* e dell'accumulazione primitiva dalla tenaglia della modernità giuridica e politica. La storia, sempre scritta dai vincitori, li ha resi oggetto di dileggio, tacciandoli di nostalgia, di oscurantismo, di incapacità di innovazione. La stessa locuzione «luogo comune» indica banalità e ripetitività. Il comunismo, mai realizzato ma solo promesso, dall'esperienza socialista di Stato ha dato il colpo di grazia al prestigio del comune. La tragedia di Hardin non ha fatto che radicare sempre piú l'idea, presente sin dai tempi delle critiche di Aristotele a Platone, secondo la quale ciò che è gestito in comune non può che essere gestito male. La grande crisi ecologica in cui il mondo è caduto, e le cui conseguenze drammatiche sono dal 2007 evidenti a tutti, ha ridato dignità ai beni comuni e ha posto al centro della scena un vasto progetto di ricostruzione di istituzioni capaci di edificare dal basso un mondo che sia davvero un «luogo comune». La partita aperta ora è quella di mettere a sistema le tantissime esperienze di comunità che si riconoscono consapevolmente o meno nel cammino benicomunista. Come detto, sono oggi in campo pratiche collettive assai numerose che pur nella loro grande diversità attuano in tutto o in parte una visione di comunità aperta capace di soddisfare bisogni reali di condivisione, socializzazione e spiritualità, che il consumismo non riesce neppure a vedere.

Le comunità in lotta per i beni comuni sono caratterizzate da alcuni tratti che vale la pena di tracciare. Esse non sono perfettamente coerenti con il principio di territorialità (una forte esperienza politica territoriale si ha tuttavia in Valsusa) né sono meramente comunità di produzione specialistica, come le corporazioni medievali (sebbene al Teatro Valle si sia enfatizzata con successo la produzione drammaturgica). Esse sono ibride nella struttura, spesso generaliste negli interessi, e quasi sempre al loro interno i compiti sono distribuiti in modo intercambiabile. Ciascuna di esse approfondisce conoscenze e vanta competenze tecniche traducibili in piattaforme politiche. Chi solidarizza con i migranti produce una politica estera; chi lotta contro le grandi opere sviluppa una politica dei lavori pubblici e dei trasporti; chi pratica lo scambio solidale articola una visione di politica commerciale; chi occupa teatri elabora una politica per i beni culturali...

Varia anche il loro tasso di politicizzazione e di soggettività consapevole, nonché il loro rapporto con le istituzioni costituite. Tuttavia, queste comunità condividono e negoziano continuamente i propri fini attraverso pratiche di democrazia partecipativa profondamente egualitarie. La democrazia diretta e partecipata che esse sviluppano, a differenza dei diversi modelli di rappresentanza, non riconosce il feticismo della maggioranza né il culto della meritocrazia, intesa come processo virtuoso di selezione del leader piú carismatico. Le pratiche politiche benicomuniste mirano al consenso unanime o quasi unanime nelle scelte fondamentali, che sono sempre genuinamente collettive, ma lasciano al contempo spazio a ogni soggettività e sensibilità, talvolta anche idiosincratica, di interpretare in autonomia il senso profondo condiviso dell'esperienza benicomunista. Esse inoltre assumono modalità organizzative, formali o informali, che valorizzano la presenza, lo scambio continuo, la condivisione *spessa* del progetto di vita, sia che esso possa essere effettivamente condotto assieme (per esempio nelle occupazioni di spazi abitativi) sia nelle ipotesi in cui ciascun comunardo mantenga propri legami e un proprio lavoro. Nella politica di comunità poi, a differenza che nelle organizzazioni burocratiche pubbliche o private, la persona non è confusa con il proprio ruolo, ma considerata e rispettata in quanto tale. Certo, le capacità professionali spesso sono utili e valorizzate, tuttavia mai esse creano nella fisiologia della comunità condizioni gerarchiche, perché l'esperienza del comune è il miglior vaccino contro la dominazione. Ovviamente, la patologia può sempre insorgere ma normalmente l'esito è la decadenza e l'irrilevanza politica dell'esperienza comunitaria ammalatasi di leaderismo, di prevaricazione o di autoreferenzialità. Le esperienze di comunità in lotta non sono mai chiuse. A differenza delle organizzazioni politiche di partito che «competono» per il potere, esse non sono mai eccessivamente identitarie perché il benicomunismo non è esperienza di partito, non compete contro altri gruppi, cercando semmai di contaminarne le pratiche e può vincere soltanto se dal basso, tutti insieme, si vince. Una parte dello sforzo dei comunardi è dedicata proprio al collegamento con altre realtà di cui condividono gli scopi al fine di solidarizzare o di mettere in comune risorse o esperienze. Sempre piú spesso si sviluppano rapporti internazionali che possono persino generare eccezionali riconoscimenti di eccellenza, come nel caso del Teatro Valle premiato dalla European Cultural Foundation o del Colorificio di Pisa, portato ad esempio di buona pratica di produzione inclusiva dal Consiglio d'Europa.

Ciò che ancora manca è un quadro di collegamento collettivo istituzionalizzato, la costruzione reale di una «comunità di comunità» capace di rendere effettivamente incisiva sul piano generale la nuova soggettività collettiva benicomunista.

Che il potere costituito tema proprio la soggettivazione collettiva, la sola storicamente capace di resistenza efficace, è ben evidenziato dalla brutale reazione poliziesca che segue invariabilmente a ogni nuovo accesso alla rete benicomunista. A Messina lo sgombero del Teatro Pinelli, a Pisa del Colorificio occupato, e ad Ancona quello della Casa de' nialtri (che offriva rifugio alle comunità migranti), pur nelle differenze di percorso, sono avvenuti pochi giorni dopo lo svolgimento di importanti e affollate assemblee politiche volte all'inquadramento teorico di queste lotte nell'ambito dei beni comuni. Proprio il deciso e coraggioso passo avanti politico-giuridico e culturale del Teatro Valle attraverso l'istituzione formale della Fondazione ha provocato la reazione autoritaria degli apparati del potere pubblico. Questi recenti episodi, letti da diversi commentatori come la conclusione della primavera italiana del 2011, dimostrano quanto rilevante sia l'elaborazione non solo di una piattaforma ideologica condivisa, ma anche di una strutturazione politica capace di garantire la solidarietà fra i movimenti (molto carente al Valle e a Napoli).

Si spera che la soluzione al problema dell'organizzazione politica della «comunità di comunità», quando sarà davvero matura, saprà sperimentare opzioni nuove evitando fughe in avanti (ansia da rappresentanza, come nel caso delle elezioni politiche del 2013), ma anche immobilismo e incapacità reattiva. Probabilmente anche in quest'ambito saranno esperienze pilota, parziali e provvisorie, ad aprire la via. Che ciò sia politicamente fattibile è stato dimostrato dall'esperienza dei referendum benicomunisti del giugno 2011, che hanno saputo, senza soldi e senza comunicazione ufficiale, raggiungere una maggioranza degli italiani attraverso l'attivismo di qualche centinaio di comunità di militanti sparsi su tutto il territorio e legati fra loro unicamente da un ideale condiviso. Tradurre questo successo di «single issue politics» in una potenziale alternativa politica a tutto tondo è la sfida dei prossimi anni. Si tratta di una partita difficile e complessa perché, proprio come la battaglia sull'acqua pubblica, essa può vincersi soltanto con alleanze e parole d'ordine costituenti, che non possono essere decifrate con gli strumenti tradizionali della teoria politica e delle sue schematiche contrapposizioni fra destra e sinistra.

Se la visione del comune e le pratiche che riusciremo a mettere in campo sapranno conquistare l'egemonia, vivremo nei prossimi anni una entusiasmante fase costituente di segno opposto rispetto al tetro tentativo reazionario che la politica ufficiale chiama riformismo (Mattei 2013). Non possiamo stupirci che con ogni mezzo, molto spesso disonesto sul piano tanto politico quanto intellettuale, si cerchi di delegittimare un cammino condiviso, onesto e coraggioso, che colpisce la rendita e la dominazione in ogni sua forma.

Bibliografia essenziale

AGAMBEN, GIORGIO, *Altissima povertà. Regole monastiche e forme di vita*, Neri Pozza, Vicenza 2011.

ALPA, GUIDO e ROPPO, VINCENZO, *La vocazione civile del giurista, Saggi dedicati a Stefano Rodotà*, Laterza, Bari-Roma 2013.

ALTRAECONOMIA, *Le cose che abbiamo in comune. Il bilancio sociale e partecipato come strumento di democrazia e trasparenza. L'esperienza del comune di Capannori*, Altraeconomia edizioni, Milano 2013.

ARENA, GREGORIO e IAIONE, CHRISTIAN (a cura di), *L'Italia dei beni comuni*, Carocci, Roma 2012.

BAILEY, SAKI, FARRELL, GILDA e MATTEI, UGO (a cura di), *Protecting Future Generations through Commons*, «Trends in Social Cohesion» n. 26, Council of Europe, Strasbourg 2014.

BOLLIER, DAVID e HELFRICH, SILKE (a cura di), *The Wealth of the Commons. A World Beyond Market and State*, Levellers Press, Amherst (MA) 2012.

BROWN, LESTER R., *Plan B 4.0. Mobilizing to save Civilization*, Earth Policy Institute, Washington 2009.

CACCIARI, PAOLO, CARESTIATO, NADIA e PASSERI, DANIELA (a cura di), *Viaggio nell'Italia dei beni comuni. Rassegna di gestioni condivise*, Marotta & Cafiero, Napoli 2012.

CAPRA, FRITJOF, *La scienza universale. Arte e natura nel genio di Leonardo*, Rizzoli, Milano 2007.

CASSI, ALDO, *Ultramar. L'invenzione europea del Nuovo Mondo*, Laterza, Roma-Bari 2007.

CHIGNOLA, SANDRO (a cura di), *Il diritto del comune. Crisi della sovranità, proprietà e nuovi poteri costituenti*, Ombre Corte, Verona 2012.

CIERVO, ANTONELLO, *I beni comuni*, Ediesse, Roma 2012.

COLLIER, GEORGE A., *Basta! Land and the Zapatista Rebellion in Chiapas*, n. e., Food First Books, Oakland (CA) 1999.

DI PORTO, ANDREA, *«Res in usu publico» e beni comuni. Il nodo della tutela*, Giappichelli, Torino 2013.

ESPOSITO, ROBERTO, *Communitas. Origine e destino delle comunità*, Einaudi, Torino 2006.

FERRAJOLI, LUIGI, *La democrazia attraverso i diritti*, Laterza, Roma-Bari 2013.

FERRARA, GIANLUCA, *99%. Per uscire dalle crisi generate dal sistema neoliberista riprendiamoci il futuro partendo dal basso*, Dissensi, Napoli 2013.

FONDAZIONE LELIO E LISLI BASSO - ISSOCO (a cura di), *Tempo di beni comuni. Studi multidisciplinari*, Ediesse, Roma 2013.

FOUCAULT, MICHEL, *Sorvegliare e punire. La nascita della prigione*, Einaudi, Torino 1975.

FUMAGALLI, ANDREA, *Bioeconomia e capitalismo cognitivo. Verso un nuovo paradigma di accumulazione*, Carocci, Roma 2009.

– *Lavoro male comune*, Bruno Mondadori, Milano 2013.

GALLINO, LUCIANO, *Il colpo di Stato di banche e governi. L'attacco alla democrazia in Europa*, Einaudi, Torino 2013.

GARNSEY, PETER, *Thinking About Property. From Antiquity to the Age of Revolution*, Cambridge University Press, 2007.

GROSSI, PAOLO, *«Usus facti». La nozione di proprietà nella inaugurazione dell'età nuova*, Giuffrè, Milano 1972.

– *Scienza giuridica italiana. Un profilo storico 1860-1950*, Giuffrè, Milano 2000.

HARDT, MICHAEL e NEGRI, ANTONIO, *Comune*, Rizzoli, Milano 2010.

HERNÁNDEZ NAVARRO, LUIS, *Nelle comunità ribelli, piú ricche di dignità*, in «il manifesto», 2 gennaio 2014, p. 9.

LEONE, ALICE, MADDALENA, PAOLO, MONTANARI, TOMASO e SETTIS, SALVATORE, *Costituzione incompiuta. Arte, paesaggio, ambiente*, Einaudi, Torino 2013.

LESSIG, LAWRENCE, *Cultura libera. Un equilibrio fra anarchia e controllo, contro l'estremismo della proprietà intellettuale*, a cura di BERNARDO PARRELLA, Apogeo, Milano 2005.

LINEBAUGH, PETER, *The Magna Charta Manifesto. Liberties and Commons for All*, University of California Press, Oakland (CA) 2009.

LISSAGARAY, PROSPER-OLIVIER, *Gli ultimi giorni della Comune*, Red Star Press, Roma 2013.

LOUVIN, ROBERT, *Un bene comune tra pubblico e privato. Profili giuridici del fenomeno delle consorterie valdostane*, Le Château, Aosta 2012.

LUCARELLI, ALBERTO, *Beni Comuni. Dalla teoria all'azione politica*, Dissensi, Napoli 2011.

– *La democrazia dei beni comuni*, Laterza, Roma-Bari 2013.

LUCARELLI, STEFANO e LUNGHINI, GIORGIO, *The Resistible Rise of Mainstream Economics*, Sestante - Bergamo University Press, Bergamo 2012.

LUCIANI, MASSIMO, *Atti normativi e rapporti fra Parlamento e Governo davanti alla Corte costituzionale: tendenze recenti*, in D'AMICO, MARILISA e RANDAZZO, BARBARA (a cura di), *Alle frontiere del diritto costituzionale. Scritti in onore di Valerio Onida*, Giuffrè, Milano 2011, pp. 1151-80.

MADDALENA, PAOLO, *Territorio, bene comune degli italiani*, Donzelli, Roma 2014.

MARELLA, MARIA ROSARIA, *Oltre il pubblico e il privato. Per un diritto dei beni comuni*, Ombre Corte, Verona 2012.

MATTEI, UGO, *Beni comuni. Un manifesto*, Laterza, Roma-Bari 2011.

– *Controriforme*, Einaudi, Torino 2013.

– *Senza proprietà privata non c'è libertà. Falso!*, Laterza, Roma-Bari 2014.

MATTEI, UGO e NADER, LAURA, *Il saccheggio. Regime di legalità e trasformazioni globali*, Bruno Mondadori, Milano 2010.

MATTEI, UGO e QUARTA, ALESSANDRA, *L'acqua e il suo diritto*, Ediesse, Roma 2014.

MATTEI, UGO, REVIGLIO, EDOARDO e RODOTÀ, STEFANO, *Inver-*

tire la rotta. Idee per una riforma della proprietà pubblica, il Mulino, Bologna 2007.

MATTEI, UGO, REVIGLIO, EDOARDO e RODOTÀ, STEFANO, *I beni pubblici. Dal governo democratico dell'economia alla riforma del Codice civile*, Accademia nazionale dei Lincei, Roma 2010.

MEIKSINS WOOD, ELLEN, *Liberty and Property. A Social History of Western Political Thought from Reinassance to Enlightenment*, Verso, London 2012.

MÍGUEZ NÚÑEZ, RODRIGO, *Terra di scontri. Alterazioni e rivendicazioni del diritto alla terra nelle Ande Centrali*, Giuffrè, Milano 2013.

MONTANARI, TOMASO, *Le pietre e il popolo. Restituire ai cittadini l'arte e la storia delle città italiane*, minimumfax, Roma 2013.

NAPOLEONI, LORETTA, *Democrazia vendesi. Dalla crisi economica alla politica delle schede bianche*, Rizzoli, Milano 2013.

OSTROM, ELINOR, *Governing the Commons. The Evolution of Institutions for Collective Action*, Cambridge University Press, 1990.

PALLANTE, MAURIZIO, *Meno e meglio. Decrescere per progredire*, Bruno Mondadori, Milano 2011.

– *Monasteri del terzo millennio*, Lindau, Torino 2013.

PENNACCHI, LAURA, *Filosofia dei beni comuni. Crisi e primato della sfera pubblica*, Donzelli, Roma 2012.

PEPINO, LIVIO e REVELLI, MARCO (a cura di), *Grammatica dell'indignazione*, Gruppo Abele, Torino 2013.

PRIGOGINE, ILYA, *La nuova alleanza. Metamorfosi della scienza*, Einaudi, Torino 1991.

RAPARELLI, FRANCESCO, *Rivolta o barbarie. La democrazia del 99 per cento contro i signori della moneta*, Ponte alle Grazie, Milano 2012.

REBELPAINTING, *Beni comuni e spazi sociali. Una creazione collettiva*, Rebeldia, Pisa 2012.

REGAN, TOM, *I diritti animali*, Garzanti, Milano 1990.

RODOTÀ, STEFANO, *Il terribile diritto. Studi sulla proprietà privata e i beni comuni*, il Mulino, Bologna 2013.

– *Il diritto di avere diritti*, Laterza, Roma-Bari 2013.

SCHIAVONE, ALDO, *Non ti delego. Perché abbiamo smesso di credere nella loro politica*, Rizzoli, Milano 2013.

SCHUMACHER, ERNST FRIEDRICH, *Piccolo è bello. Uno studio di economia come se la gente contasse qualcosa*, Ugo Mursia, Milano 2011.

SETTIS, SALVATORE, *Azione popolare. Cittadini per il bene comune*, Einaudi, Torino 2013.

– *Se Venezia muore*, Einaudi, Torino 2014.

SPANÒ, MICHELE, *Azioni collettive. Soggettivazione, governamentalità, neoliberismo*, Editoriale Scientifica, Napoli 2013.

TEATRO VALLE OCCUPATO, *La rivolta culturale dei beni comuni*, DeriveApprodi, Roma 2012.

UNGER, ROBERTO MANGABEIRA, *Knowledge and Politics*, The Free Press, New York 1975.

Stampato per conto della Casa editrice Einaudi
presso ELCOGRAF S.p.A. - Stabilimento di Cles (Tn)
nel mese di aprile 2015

C.L. 21861

Ristampa							Anno			
0	1	2	3	4	5	6	2015	2016	2017	2018